方 图

四方图志·心安一隅

郭初阳　主编

非一般的阅读课
阅读课

第二辑

江弱水　常　立
王小庆　陆蓓容　著

中国出版集团
东方出版中心

图书在版编目（CIP）数据

非一般的阅读课. 第二辑 / 郭初阳主编；江弱水等
著. — 上海：东方出版中心, 2023.8
ISBN 978-7-5473-2238-3

Ⅰ.①非… Ⅱ.①郭… ②江… Ⅲ.①阅读课-初中
-教学参考资料 Ⅳ.①G634.333

中国国家版本馆CIP数据核字（2023）第136777号

非一般的阅读课　第二辑

主　　编　郭初阳
著　　者　江弱水　常　立　王小庆　陆蓓容
责任编辑　李　旭
装帧设计　张景春

出版发行　东方出版中心
地　　址　上海市仙霞路345号
邮政编码　200336
电　　话　021- 62417400
印 刷 者　溧阳市金宇包装印刷有限公司

开　　本　880mm×1240mm　1/32
印　　张　7
字　　数　100千字
版　　次　2023年8月第1版
印　　次　2023年8月第1次印刷
定　　价　38.00元

花样唐诗
——《唐诗三百首》导读

扫描左侧二维码，试听名著微课堂，精彩内容率先掌握。

导读老师

江弱水　1963 年生，安徽青阳人。香港中文大学博士，现任浙江大学传媒与国际文化学院教授、博士生导师。著有《中西同步与位移》《古典诗的现代性》《湖上吹水录》《诗的八堂课》《十三行小字中央》《指花扯蕊：诗词品鉴录》《言说的芬芳》《天上深渊：鲁迅十二论》等。曾获第十五届华语文学传媒大奖年度文学评论家奖。《诗的八堂课》被评为 2017 年度"中国好书"。

花海与花榜

　　如果你走过一片花的海洋，看见各个园圃里有各色各样的花——这一个园圃里盛开着五万朵花；那一个园圃，二十七万朵；接下来一个，十四万朵……如果你不能一个一个园圃地看过去，你怎么知道哪一个园圃里的花最鲜艳、最奇幻、最美丽？这就必须有人帮你选择，从每一个园圃里精挑细选出最有代表性的、最美的花朵，呈现在你眼前。然后你就会知道，那个有着五万朵花的园圃里，这朵花开得最自在、最恣肆、最活色生香。

　　在中国这样一个诗的国度，历朝历代的诗也就像一个一个园圃里的花，争奇斗艳、竞相开放，而最繁荣的那个园子，就是唐代。据平冈武夫统计，清代所编的《全唐诗》，共收入唐诗四万九千四百零三首。陈尚君借助现代技术手段加以校订，剔除许多误收和重复收入的诗，增补大量新发现的诗。至此，目前已知存世唐诗达五万五千余首。这五万多首诗，读者若不是专业的学者，一般不会从头读到尾。所以，选一个好的唐诗选本是非常重要的。

我们看到，书店和图书馆里有层出不穷的唐诗选本。哪怕这些选本良莠不齐，我们从中随便找出一本来读，也都能有所收获，都会对唐诗的成就有一个感性的认识。其中有一些选本特别优秀，如中国社会科学院文学研究所的《唐诗选》、马茂元先生的《唐诗选》，以及我的老师刘学锴先生附有六百五十篇精彩赏析的《唐诗选注评鉴》，都能让我们对唐诗有立体的了解和具体的感受。只不过这三种诗选的选诗量都在六百首左右，这个数量对我们一般人来讲还是有点多。所以，最适合我们阅读和记诵的，恐怕还是蘅塘退士所编选的《唐诗三百首》。

这是有史以来最成功的唐诗选本，而且是独一无二的成功。这个成功，来得又有点偶然，因为尽管这本书"风行海内，几至家置一编"，可蘅塘退士的真名在很长一段时间里并不为人知晓。一直到 1942 年朱自清先生作《〈唐诗三百首〉指导大概》，说有一种刻本的题下有一方"孙洙"的印章，怀疑这便是编选者的姓名。金性尧在 1980 年出版的《唐诗三百首新注》中谈到蘅塘退士的简单资料：蘅塘退士原名孙洙，无锡人。家贫，好读书，为人恬退。他中过进士，做过直隶卢龙、大城和山东邹平的知县，后改做江宁府学教授，做官很勤勉、清廉。《唐诗三百首》是他在乾隆二十九年（1764）编成的，没有署名，说明他自己也并不看重。哪想到这本书将来会广为流传，真正做到了老少咸宜、妇孺皆知，不能不说是幸运地中了头奖。但细想起来，这成功又未必全凭运气。我们且来看看他的序言：

世俗儿童就学，即授《千家诗》，取其易于成诵，故流传不废。但其诗随手掇拾，工拙莫辨，且止五七律绝二体，而唐宋人又杂出其间，殊乖体制。因专就唐诗中脍炙人口之作，择其尤要者，每体得数十首，共三百余首，录成一编，为家塾课本，俾童而习之，白首亦莫能废，较《千家诗》不远胜耶？谚云："熟读唐诗三百首，不会吟诗也会吟。"请以是编验之。①

用《千家诗》做幼学的课本，原自不错，因为里面收的诗意思浅显，而且又都是五言七言的律诗和绝句，朗朗上口，最适合小孩子。我记得历史地理学家陈桥驿教授有一次在访谈中回忆他小时候说，爷爷看他颖慧过人，就直接来管他读书的事。五岁时爷爷教他念的第一首诗是"松下问童子"，他很快背熟了。爸爸在一旁听到，很高兴，晚上便又教了他一首"少小离家老大回"。第二天乘凉时，他又背给爷爷听。爷爷埋怨爸爸把自己的教学计划打乱了。后来他明白了爷爷的意思，念唐诗要从五言开始。所以，从五言绝句到七言绝句，再到五言律诗、七言律诗，这个学诗的路子和步骤是很对的。

但《千家诗》相当于是给小学生念的，到了初中就应该高于这个程度了。所以蘅塘退士"专就唐诗中脍炙人口之作，择其尤要者"，选编出这三百首。脍炙人口，其实就是脍炙众口，大家都说好，他就选进去，而不单

① 金性尧，《唐诗三百首新注》，上海古籍出版社，2014 年版。本书所引《唐诗三百首》相关段落均出自该版，不再赘述。

凭自己一个人的喜好。这一点非常重要，因为以前有许多唐诗的选本，就偏重个人喜爱的风格，想通过选本来宣扬自己的文学观点，来纠正诗坛的风气，而没有照顾到更广大的人群的口味。有人推崇盛唐诗，初唐诗和晚唐诗就受他的冷落，如明人高棅的《唐诗品汇》。

【阅读提示】

正是高棅《唐诗品汇》的总序，开始将唐朝两百九十年的诗分为初、盛、中、晚四个阶段。后人大体上都能认同，沿用了这一分期，以反映各阶段的鲜明特色。大致归纳起来就是——

初唐从公元 618 年起，到公元 711 年，将近百年。王勃、杨炯、卢照邻、骆宾王为始制，继以沈佺期、宋之问之新声，陈子昂之古意，是为初唐之渐盛。

盛唐则从公元 712 年起，大约到公元 763 年，即玄宗登基到安史之乱平定的五十多年，有王维、孟浩然之山水，高适、岑参之边塞，更有李白之冠千古、杜甫之集大成，是为盛唐之盛。

中唐初期是代宗大历年间（766—779），将近二十位写诗的名手，以不同的组合被装进"大历十才子"的名目下面，既可算盛唐的余波，也可为中唐的初澜。公元779年德宗即位，到公元826年敬宗被弑，四十多年中，有韩愈、孟郊之奇崛，元稹、白居易之晓畅，加上柳宗元、刘禹锡、李贺等人，是为中唐之再盛。

晚唐从公元827年文宗即位到公元907年哀帝被废，约八十年。此间诗人以杜牧、李商隐、温庭筠为代表，并有名家数十辈，是为晚唐之极。

高棅总结道：唐诗之分初、盛、中、晚，"是皆名家擅场，驰骋当世。或称才子，或推诗豪，或谓五言长城，或为律诗龟鉴，或号诗人冠冕，或尊海内文宗，靡不有精粗、邪正、长短、高下之不同。观者苟非穷精阐微，超神入化，玲珑透彻之悟，则莫能得其门，而臻其壶奥矣"。

有人喜欢神韵派，就一味选王维、孟浩然，居然连李白和杜甫都不收，如清人王士禛的《唐贤三昧集》。有人标举雅正，嫌白居易的讽喻诗俗，李商隐的无题诗浮，于是都不选，如清人沈德潜的《唐诗别裁集》。由着自己的性子来，这哪能行呢？你喜欢淡雅的菊花，就把娇艳的牡丹花、玫瑰花一概放弃。你喜欢清香的兰花，就不要浓香的栀子花和茉莉花。这样的选择法，缺乏代表性，结果肯定是行之不远。

相比之下，蘅塘退士编选的《唐诗三百首》不带个人偏见，不太掺杂个人的嗜好，真正做到了代表最广大诗人们的成就，多少适当，深浅得宜，雅俗共赏。

"多少适当"是说三百首左右的篇幅正好，少了代表性不足，多了看不完，尤其是熟读不了。

"深浅得宜"是说其所选的诗，既有"入耳即化"的"松下问童子""少小离家老大回"，又有佶屈聱牙的韩愈的《石鼓歌》，而绝大部分都难度适中，很好读，很好懂。

"雅俗共赏"是指三百首都以表达含蓄、音节流美见长，有一些用了典，却不算太深；有一些口语化，但也并没有俗到张打油、胡钉铰，或王梵志、寒山子那种程度。所以各种文化水平和文学品位的人都能欣赏这一选本。

分类的对称密码

　　花多眼乱，所以要有一个榜单。榜单是要选出来的。既然要选，就不能漫无依傍，必须根据一定的标准，选择有代表性的几个类型，再选择几个类型中有代表性的一些样品。比如花卉，你可以根据生态习性，分草本、木本、水生，还有多肉；也可以根据花被形式，分重被、单被、无被；还可以根据花粉的传授路径，分风为媒、虫为媒、鸟为媒、水为媒；等等。

　　花卉还可按对称性分为辐射对称花、两侧对称花、不对称花，《唐诗三百首》的分类与此有点像。蘅塘退士根据诗的体裁，将诗分为古体诗与近体诗。古体诗是不受字句限制、不讲音义对仗的诗。近体诗主要是律诗和绝句，有限定的字数，还有平仄和对仗的严格规定。就像花儿的对称性一样，从古体到近体的演化，关键就是这个音义对仗。

我们知道，从古代汉语到现代汉语，从文言文到白话文，有一些很明显的变化。古代汉语以单音节词居多，而现代汉语则以双音节词和多音节词语为主。因为单音节词占优，所以古人说起话来，很容易形成字与字的对称。就拿我们今天还在用的四字成语来说，"杯弓蛇影""飞檐走壁""花好月圆"，这些至今还活在我们口头的文言词语，就使用了对称的手法，形成了文字上的漂亮、组织上的精巧。这种对称，松散一点的就叫对偶，严格一点的就叫对仗。

正如对称性是花卉的基因密码之一，对偶也是汉语从"胎"里就带来的特性。最早的时候，古人不自觉地使用着对偶，比如：

> 满招损，谦受益。
>
> 《尚书·虞书·大禹谟》
>
> 同声相应，同气相求。
>
> 《易经·乾·文言》

挫其锐，解其纷。和其光，同其尘。

（《道德经·第四章》）

学而不思则罔，思而不学则殆。

（《论语·为政》）

对于诗人来说，表情达意是首要的，此外还需要追求语言的美感，而对称是美的要素之一。花的对称性，正是花的结构的典型特性，是从基因里带来的。辐射对称是花朵对称的早期形式，两侧对称和不对称则属于后来演化的形式。对于中国诗来说，词性的对偶和兼顾音义的对仗，就是逐渐探索出来的结果，从技术上说，这也是长期演化的结果。但文学和艺术的精神产品各有其不可替代的价值，不存在后来居上的进步或进化。

上古歌谣《弹歌》，属于先民最早的诗，也是流传下来最短的诗歌，只有八个字：

断竹，续竹。飞土，逐肉。

意思是砍断竹子，连弦做弓，飞出弹丸，追逐猎物。显然，这八个字已经两两相对了，"断竹"对"续竹"，"飞土"对"逐肉"。往后的《诗经》《楚辞》里，也有不少不那么严格的对偶：

> 昔我往矣，杨柳依依。今我来思，雨雪霏霏。
>
> 　　　　　　　　　　　（《诗经·小雅·采薇》）
>
> 巧笑倩兮，美目盼兮。
>
> 　　　　　　　　　　　（《诗经·卫风·硕人》）
>
> 制芰荷以为衣兮，集芙蓉以为裳。
>
> 　　　　　　　　　　　　　（《楚辞·离骚》）
>
> 采薜荔兮水中，搴芙蓉兮木末。
>
> 　　　　　　　　　　（《楚辞·九歌·湘君》）

等到四言诗和骚体诗发展为五言诗，中国诗就慢慢开始了一个数百年的漫长演化过程。本来人们通过词性来完成对偶，比如"巧笑"对"美目"、"水中"对"木末"；到了南朝时期，因翻译佛经而对梵文产生的了解，好像一面镜子，让人们回过头来将其与汉语对照，发现汉语有四声的变化，而且渐渐得出经验，把四声，也就是平声、上声、去声和入声，分成平声和上、去、入三声的仄声，搭配起来，就能获得完美的和谐：

> 海日生残夜，江春入旧年。
>
> 仄仄平平仄　平平仄仄平
>
> （王湾《次北固山下》）

> 星垂平野阔，月涌大江流。
>
> 平平平仄仄　仄仄仄平平
>
> （杜甫《旅夜书怀》）

> 三山半落青天外，二水中分白鹭洲。
>
> 平平仄仄平平仄　仄仄平平仄仄平
>
> （李白《登金陵凤凰台》）

　　如此一来，诗在词的意义的属性相对外，又加上了声音的平仄相对。把两种相对结合起来，再从形式上加以固定（比如每首八句，中间四句必须对仗），这就形成了律诗（即有格律的诗），从而完成了向近体诗律化的过程。

【阅读提示】

律诗看起来花样繁多，但有一个诀窍，那便是只要记得两首五言绝句，就可以类推其余的七绝、五律、七律，甚至排律了。

仄起（首句第二字为仄声字）一式：

平仄规律	示例
仄仄平平仄	故国三千里，
平平仄仄平	深宫二十年。
平平平仄仄	一声何满子，
仄仄仄平平	双泪落君前。

（张祜《何满子》）

这种格式第一句是不押韵的，如果要押韵，就改成"仄仄仄平平"。如卢纶《塞下曲》：

林暗草惊风，将军夜引弓。

仄仄仄平平　平平仄仄平

平明寻白羽，没在石棱中。

平平平仄仄　仄仄仄平平

平起（首句第二字为平声字）一式：

平仄规律	示例
平平仄仄平	花明绮陌春，
仄仄仄平平	柳拂御沟新。
仄仄平平仄	为报辽阳客，
平平仄仄平	流芳不待人。

（王涯《闺人赠远》）

这种格式第一句是押韵的，如果要不押韵，就改成"平平平仄仄"。如李端《听筝》：

鸣筝金粟柱，素手玉房前。

平平平仄仄　仄仄仄平平

欲得周郎顾，时时误拂弦。

仄仄平平仄　平平仄仄平

记得这两种基本形式，再懂得怎样变化第一句，五绝的四种格式就掌握了。

七绝最简单，一首五绝前面加两个字就行了，比如仄起一式：

平仄规律	示例
平平仄仄平平仄	洞房昨夜停红烛，
仄仄平平仄仄平	待晓堂前拜舅姑。
仄仄平平平仄仄	妆罢低声问夫婿，
平平仄仄仄平平	画眉深浅入时无。

（朱庆馀《近试上张水部》）

五律、七律也简单，一首五绝、七绝乘以二就行了：

平仄规律	示例
平平仄仄平平仄	西山白雪三城戍，
仄仄平平仄仄平	南浦清江万里桥。
仄仄平平平仄仄	海内风尘诸弟隔，
平平仄仄仄平平	天涯涕泪一身遥。
平平仄仄平平仄	惟将迟暮供多病，
仄仄平平仄仄平	未有涓埃答圣朝。
仄仄平平平仄仄	跨马出郊时极目，
平平仄仄仄平平	不堪人事日萧条。

（杜甫《野望》）

［清］董邦达《杜甫诗意轴》

　　总之，一首五绝，加二就是七绝，乘二就是五律，加二再乘二就是七律。如此一来，掌握两种五绝的基本平仄的核心机密，再加上两种微调格式，便共得五绝四种格式，加二后得七绝四种格式，乘二后得五律四种格式，加二再乘二得七律四种格式。总共十六种律绝格式，就尽在掌握了。

　　需要说明的是，普通话里已经没有入声字，原先的入声字需要转化成另外三声来读，所以我们不能完全用今天的读音来看古人的平仄。另外，五言诗的第一、三字，七言诗的第一、三、五字，经常可平可仄；但五言诗的第二、四字，七言诗的第二、四、六字，该平就得平，该仄就得仄，不能含糊。

　　这是从东汉到初唐大约四百年的漫长演变的终点。东汉末期的《古诗十九首》里，基本都是散句，极少对偶，偶尔出现一下，如"胡马依北风，越鸟巢南枝"，也只在乎语法关系，而不在乎语音关系。就像晋朝陆机的诗，哪怕大量地使用对偶句，可从头对到尾，也还是词义相对。所以，汉魏古诗中的对偶，看上去意义对得很工整，可声音听起来却不是那么回事。我们读到《唐诗三百首》里的这样一些诗句，也应该清楚它们跟音义严格对仗之间的区别：

天边树若荠，江畔洲如月。

平平仄仄仄　平仄平平仄

（孟浩然《秋登兰山寄张五》）

夜雨剪春韭，新炊间黄粱。

仄仄仄平仄　平平仄平平

（杜甫《赠卫八处士》）

慈母手中线，游子身上衣。

平仄仄平仄　平仄平仄平

（孟郊《游子吟》）

我们把这些叫作对偶。真正的音义结合（即有意识地对仗）的律句，要到南朝才出现。到了初唐，才出现严格意义上的律诗。于是，我们把句数不加规定、对仗不做要求的诗体，称为古体诗；把律诗和绝句，称为近体诗。古体和近体都分五言和七言，这样一来，到了唐代，就有了六种诗体，这也是《唐诗三百首》据以分类的六种形式：

五言古诗　七言古诗

五言律诗　七言律诗

五言绝句　七言绝句

六种形式之外，还有五言排律和七言排律，它们不管句数多少，除了首尾两句，其余每一联都要对仗。这样的诗写起来非常呆板，缺少变化。所以尽管很多诗人喜欢写，动辄四十韵甚至一百韵，然而真正的杰作却比较少，没法选。

如果继续用花卉的对称来比喻诗的对仗，那么两者演化的方向正好相反。初始起源的花，都是整齐的多面（辐射）对称花，后来才演化出两面（两侧）对称和不对称的花；而中国诗的花园里，一开始出现的却是不对称花，后来因为汉语的基因作用，才渐渐出现对称，从两侧到多面，越来越精确，越来越繁复。开始是纯粹的古体，渐渐出现了两句对偶，后来两句变成四句，对偶变成对仗。等到排律出来，那是除了一头一尾，中间部分全是辐射对称的了。

　　总之，中国诗发展到唐朝，各种花卉品类都齐全了。两侧对称花、辐射对称花以及不对称花，争奇斗艳，各放异彩。《唐诗三百首》从这五万多首中，精挑细选了约五古四十首、七古四十首、五律八十首、七律五十首、五绝四十首和七绝六十首，加起来是三百多首。为什么不是整数三百首呢？我们不要忘了，古老的《诗经》原来就叫《诗》，又称《诗三百》，而它其实有三百零五篇。所以，这就有向《诗经》致敬的意思在里面。

　　为什么我给出的选诗数目是一些约数呢？因为两百多年来，《唐诗三百首》出现了太多的版本，不同的版本收诗篇目不断变化，以至我认为书名应该叫"唐诗三百首左右"。

　　举两种最风行的版本来说。

　　章燮《唐诗三百首注疏》（以下简称《注疏》），清道光十四年（1834）立言堂刻本，目录里列明：五古三十六首，乐府十一首；七古二十八首，乐府十六首；五律八十首；七律五十三首，乐府一首；五绝二十九首，乐府八首；七绝五十一首，乐府九首，合计三百二十二首。
（"乐府"一名，是把各体有乐府旧题的诗单列到最后。
乐府的诗题原是曲调名，都是公用的，文字最早也是合
乐的。这些属于交叉现象，倒也不影响大的分类。）

陈婉俊《唐诗三百首补注》（以下简称《补注》），
清光绪十一年（1885）四藤吟社重刊本，1956 年文学
古籍刊行社据以断句排印，计五古三十三首，乐府七
首；七古二十八首，乐府十四首；五律八十首；七律
五十首，乐府一首；五绝二十九首，乐府八首；七绝
五十一首，乐府九首，共三百一十首。

两个版本收诗数量有差异，因为后者有所删减。如
《注疏》本里，张九龄《感遇》五首都选了，《补注》本
只选了前两首。《注疏》本选了李白《子夜吴歌》四首、
《长干行》两首，《补注》本只各选了一首。

今天各出版社竞相出版的《唐诗三百首》评注本，
又往往根据主观看法调整篇目，收诗总数分别不同。我
愿意推荐 1980 年上海古籍出版社出版的金性尧《唐诗
三百首新注》，疏解清通，注释切当，又加上了简要的
说明，值得信赖。

花样占全且占先

　　唐诗繁荣的原因，前人已经讲过许多，归纳起来，不外乎几个方面。

　　首先，唐朝幅员辽阔、国力强盛、物质丰富，尤其是贞观之治与开元之治，是中国古代社会政治清明、经济发展的典范。如以下两条史料，便是很形象的说明。《资治通鉴》记唐贞观四年（630），"天下大稔，流散者咸归乡里，斗米不过三四钱，终岁断死刑才二十九人。东至于海，南及五岭，皆外户不闭，行旅不赍粮，取给于道路焉"。又记天宝十二载（753），"是时中国盛强，自安远门西尽唐境万二千里，闾阎相望，桑麻翳野，天下称富庶者无如陇右。（哥舒）翰每遣使入奏，常乘白橐驼，日驰五百里"。统一的帝国整合了雄健的北方和绮靡的南方，又经丝绸之路与西域交通物产与文化，同印度及朝鲜、日本也建立了频繁交流。眼界的宽广带来的是心胸的阔大，人民的民族观、宗教观等都自由而开放。这种普遍向上的精神，使得唐代诗人具有一种青春期的灵动活泼。

其次，唐代科举制度以诗赋取士，客观上使士人皆用功于诗的创作，直接推动了全社会对诗歌重视程度的进一步加深。唐人最看重的进士试，要求应试者作一首应试诗，所以应举的文人日常都要练习写诗的技巧。何况唐代的科举还有一个特别之处，即并非一卷定终身，主考大人还会考虑你的文名——这是建立在真正的实力之上的。所以唐代士人有一种"行卷"的风气，把自己平常写的最佳作品挑选出来赠送给朋友，也专门投给考官看。一个人没有好作品，自然拿不出手。这样一来，等于变相鼓励了全体文人的诗歌创作。那时候，诗人的身价很高，人们都很敬仰诗人，而且帝王们也都喜欢诗歌，用各种方式奖掖诗人。如《唐诗三百首》里选的韩翃的《寒食》，唐德宗很欣赏，有一回要任命中书舍人——那是很显要的位置，德宗就点了韩翃。当时有两个韩翃，德宗便手书了这首"春城无处不飞花"，批道："与此韩翃。"有这样的好事，文人想写出杰作的冲动就更强烈了。

最后，是文学发展的原因。无论是语言技术的进步，还是感性形式的变迁，唐代都处在一个空前绝后的有利位置上。归纳一下，有两点：比起前人，唐诗的花样占全了；比起后人，唐诗的花样占先了。

先说与唐朝以前的诗作比。从感性形式的变迁来看，建安社会诗、魏晋玄言诗、晋宋山水诗、齐梁宫体诗，诗的表现范围越来越广。从语言技术的进步来看，举其大要而言，曹植炼字、陆机对句、谢朓设色、沈约律声，把诗的表现手法一步一步推向精密。朱光潜特别看重诗的语言在意义上的排偶与声音上的对仗所体现的价值，强调律诗的成型是中国诗史的重大转折，所以他认为，晋宋齐梁诗的好处是从"自然艺术"走向了"人为艺术"，从浑厚淳朴走向了精妍新巧，而唐人正好赶上了收获期。朱光潜在《诗论》中说：

　　平心而论，如果我们把六朝诗和唐诗摆在一个平面上去横看，六朝自较唐稍逊。六朝诗人才打新方向走，还在努力新风格的尝试，自然不免有许多缺点。但是如果把六朝诗和唐诗摆在一条历史线上去纵看，唐人却是六朝人的继承者，六朝人创业，唐人只是守成。说者常谓诗的格调自唐而始备，其实唐诗的格调都是从六朝诗的格调中演化出来的。[1]

各体皆备的好处是，诗人们可以完全遵循自己的个性与才能，选择最适合自己的诗体来表情达意。比如李白，崇尚的是复古，不耐音律的束缚，所以古体诗写得多，近体诗写得少。相形之下，杜甫就各体都写，均衡发展，特别是李白只写过七首的七律，杜甫却写了一百五十首，大大推进了这一新形式的表现力。总体来看，在当时，律诗和绝句是时尚的形式，诗人们当然大写特写，探索了近体诗的各种可能性；同时诗人们也继续大写古体诗，而且成就比前人还要高。结果呢，唐人将各体都创作到巅峰，竟然没给后人留

---

[1] 朱光潜，《朱光潜全集》第三卷，安徽教育出版社，1987年版。

下多少继续发展的空间。

钱锺书在《宋诗选注》的序言里，把紧接着辉煌的唐诗之后的宋诗所面临的窘境写得很清楚：

> 有唐诗做榜样是宋人的大幸，也是宋人的大不幸。看了这个好榜样，宋代诗人就学了乖，会在技巧和语言方面精益求精；同时，有了这个好榜样，他们也偷起懒来，放纵了摹仿和依赖的惰性。……
>
> 凭借了唐诗，宋代作者在诗歌的"小结果"方面有了很多发明和成功的尝试，譬如某一个意思写得比唐人透彻，某一个字眼或句法从唐人那里来而比他们工稳，然而在"大判断"或者艺术的整个方向上却没有什么特著的转变，风格和意境虽不寄生在杜甫、韩愈、白居易或贾岛、姚合等人的身上，总多多少少落在他们的势力圈里。[1]

所以，鲁迅在给杨霁云的信里就曾经毫不客气地说："我以为一切好诗，到唐已被做完，此后倘非能翻

---

[1] 钱锺书，《宋诗选注》，人民文学出版社，1997年版。

出如来掌心之'齐天太圣',大可不必动手。"[①] 李白、杜甫、韩愈、白居易成了如来佛的手掌心,不仅宋人翻不出去,元人、明人、清人又有哪一个能翻得出去?"世间好语言,已被老杜道尽;世间俗言语,已被乐天道尽。"[②] 王安石就是这么说的。

所以说,唐代的诗人占了极大的便宜,也就攀上了中国诗的顶峰。天时地利,加上人和,唐诗的成功是无法复制的。如果不是新文学的发生,如果不是改换了一套新诗的制式,我们的诗人或许至今还处在唐人光辉的笼罩之下。

---

① 鲁迅,《鲁迅全集》第十三卷,人民文学出版社,2005 年版。"齐天太圣"即"齐天大圣",此处为鲁迅戏称。

② 胡仔,《苕溪渔隐丛话》,人民文学出版社,1993 年版。

各擅胜场的群英

　　唐人有诗作流传者约三千五百人，《唐诗三百首》选了七十七位，占比约百分之二。诗人中诗作入选最多的，是盛唐三大家杜甫（39首）、李白（29首）、王维（29首），入选诗作加起来将近一百首。第四名是晚唐的李商隐（24首），这跟我们现代人的审美标准是非常吻合的。中唐白居易和韩愈两位大诗人，白居易的五古没有选，五律、七律、五绝、七绝各选了一首，七古选了《长恨歌》《琵琶行》，这就够了，因为两首诗很长，抵得上许多首了；韩愈的诗也选得少，与其地位不配，七律《左迁蓝关示侄孙湘》和七绝《早春呈水部张十八员外（其一）》都没有选，只有七古选了他的四首，包括《石鼓歌》，这也算稳当，毕竟韩愈的诗不好读，不符合选家表达含蓄、音韵和谐的标准。

关于李白、杜甫、韩愈、白居易和李商隐，一般的介绍已经够多了，这里就不再费词。我打算就蘅塘退士比较偏爱，而大众名声并不大的几位诗人，说一说他们的好处。

当我用"他们"的时候，你可能已经反应过来了，这《唐诗三百首》只有最后一个杜秋娘是女的，其余全是男的。这是蘅塘退士的偏见所在，唐代出现了两百多位女诗人，但上官婉儿、薛涛、鱼玄机，都不入他的眼，连武则天那首哀婉入骨的《如意娘》也没有收——

> 看朱成碧思纷纷，憔悴支离为忆君。
> 不信比来长下泪，开箱验取石榴裙。

所以蘅塘退士有男性中心主义之嫌。可奇怪的是，《唐诗三百首》中处处闪现着女子的口吻与身姿。因为在中国古代，男作家惯于代拟女子的角色说话，能惟妙惟肖地模仿女性的口吻与心理，创造出或爽朗或哀婉的女性形象。

我们就挑各体诗中选诗多得出乎意外的诗人来说吧。

　　五古中，韦应物的诗选了七首，仅次于李白的十首。韦应物是一个奇人，年轻时做过唐玄宗的侍卫，恃恩放荡，自述"身作里中横，家藏亡命儿。朝持樗蒲局，暮窃东邻姬。司隶不敢捕，立在白玉墀"，大字不识一个，后来才折节读书，一变而成为谦和淡雅的仁义君子了。韦应物的诗以五古成就最高，被后人极口称赞，苏东坡说"乐天长短三千首，却爱韦郎五字诗"，王士禛说"风怀澄澹推韦柳，佳句多从五字求"。《唐诗三百首》里选了他的名篇《郡斋雨中与诸文士燕集》，该诗写于其苏州刺史任上。三十多年后，白居易也做了苏州刺史，在郡府将此诗刻石，以示敬意。开头的"兵卫森画戟，燕寝凝清香"是名句，令人称赏不已，有的说"清绮富丽"，有的说"都雅雍裕"，可见这句诗难得的是把阳刚与阴柔糅合到一块了。另外选入的几首，《寄全椒山中道士》是隐逸诗的绝唱，《送杨氏女》写送女儿远嫁，虽有教训和说理之意，但以家常话娓娓道来，感人肺腑。它们都印证了五古形式之柔韧，可以雍容，可以激越，言语极简，立意极高，最适宜有节制地表现高尚的情感。

　　七古中，李颀的诗入选了六首，仅次于李白和杜甫，这是很令人讶异的，因为李颀在今天并不怎么知名，没留下什么逸闻趣事。可他是和韦应物一样的奇人，本为富家子，年少放荡，结交五陵轻薄子，以至于破产，于是，"男儿立身须自强，十年闭户颍水阳"，他幡然悔悟，发愤读书，后来中了进士。李颀的官做得倒也不大，却爱修道学仙，身上有那时代普遍的开阔与洒脱。李颀是标准的盛唐诗人，与王维、高适和王昌龄都有过唱和，诗名为时人所重，其作品情味深厚，声韵和畅，是盛唐之音的代表。所选的七古中，一半写男儿意气，慷慨而有余哀；一半写音乐之声，抚琴，吹觱篥，吹胡笳，善于用一系列形象模拟音调的高低缓急，以听者的反应衬托音乐的感人效果，堪与白居易写琵琶、李贺写箜篌、韩愈写琴媲美。于是我们发现一个问题：为什么写音乐的名篇都是七古而非五古？想必是因为七古更适合音乐的起伏变化吧，因为它的长处正是纵横开阖。

　　五律部分选了刘长卿的五首诗，跟李白、李商隐并列第四；五绝部分选了刘长卿的三首诗，仅次于王维。

可见这位自诩"五言长城"的诗人大言不虚。刘长卿天宝及第，正好是盛唐后期，又赶上中唐前期，是大历诗人中的佼佼者。他为官刚直，得罪过郭子仪的女婿，一生两度被贬。他还是一个自负的人，题诗不书姓，只署"长卿"，以为天下人莫不知其大名。他的诗风格清雅蕴藉，工炼细密，善用白描写物象，长于提炼有情味的意境——这正是五言律绝的好处。"独立三边静，轻生一剑知""过雨看松色，随山到水源""古调虽自爱，今人多不弹"，都是或隐曲或直率的名句。可惜五绝部分没有选他的《逢雪宿芙蓉山主人》："日暮苍山远，天寒白屋贫。柴门闻犬吠，风雪夜归人。"此诗着墨精妙，含情无限，比入选的《送灵澈上人》《送上人》都要好。

七绝部分选了张祜的四首，排在李白和"七绝圣手"王昌龄，以及李商隐、杜牧之后，很了不起。张祜是燕国公张说之后，到他时家道已中落。他小名叫冬瓜，因为本名"祜"，谐音瓠子。他一生交游多显赫，但不屑于应举考试，自称"处士"终身。他的诗曾被元稹贬损为雕虫小技，也被白居易置于徐凝之后，遂不得上进。最欣赏他的是杜牧，曾有诗赠之曰："谁人得似张公子，千首诗轻万户侯。"张祜性爱山水，多游天下名寺，到处题咏。他最拿手的体裁是绝句，最热心的题材是"宫词"。《唐诗品》评曰："其宫体小诗，声唱流美，颇谐音调。中唐以后诗人，如处士者裁思精利，安可多得？"七绝最讲究有余韵不尽之妙，往往在一个值得玩味的点上戛然而止，然后余音袅袅。书中所选的《题金陵渡》，"两三星火是瓜洲"一句，可谓神品。《集灵台》第二首中的"淡扫蛾眉朝至尊"一句，讽刺很厉害，且前人众口一词，都说是好诗。

影像时代的读法

"两三星火是瓜洲"也好，"淡扫蛾眉朝至尊"也罢，在我们今天看来，都是随手一拍，一个镜头就可以解决的事。

关于比喻、象征，或是意象、典故，我们在课堂上已经讲得很多了，所以我打算在这里讲讲别的、新颖一点的东西。今天是一个影像的时代，我们的文化正处在从以文字为中心向以图像为中心转化的过程中。诗当然是以文字为中心的，但我们可以将之转换为一系列图像。唐诗的魅力，往往表现在突出的视觉效果上，简直能够与今天的摄影媲美。

我们读唐诗，会感觉诗人们好像都带着照相机，很会随手抓拍，特别是那些隽永的绝句，或是摄取了一些有趣的人物动作、表情、言语，或是摄取了美妙的山水景色、田园风光。画面越简约越好，角度越别致越好，场景越意外越好。诗句又往往着眼于动静、大小、颜色、数字的对照。比如：

却下水晶帘，玲珑望秋月。

（李白《玉阶怨》）

孤舟蓑笠翁，独钓寒江雪。

（柳宗元《江雪》）

行到中庭数花朵，蜻蜓飞上玉搔头。

（刘禹锡《春词》）

妆罢低声问夫婿，画眉深浅入时无。

（朱庆馀《近试上张水部》）

但诗的画面经常是联动的，更准确地说，诗人拿着的是摄像机，拍摄的是短视频。比如李白的七绝《黄鹤楼送孟浩然之广陵》：

故人西辞黄鹤楼，烟花三月下扬州。
孤帆远影碧空尽，唯见长江天际流。

［清］关槐《黄鹤楼图》

首先给黄鹤楼一个定格，包括老朋友的一个挥手和回首。接下来的"烟花三月下扬州"不是实景，而是想象中的镜头，加上滤镜的那种广角镜头。镜头沿着江流迤逦而下，对着两岸轻霭中的花林，拍个没完。但这些都是虚景，是将来进行时。正在进行的是后面两句，"孤帆远影碧空尽，唯见长江天际流"，这是眼前呈现的画面：孤帆的影子越来越远，远到了蓝天的尽头，终于消失不见了，最后只剩下长江在向天际流动。这里有一个时间的缓慢延滞，所以与其说像摄影，还不如说像录视频。

又如杜甫的五古《望岳》：

> 岱宗夫如何，齐鲁青未了。
> 造化钟神秀，阴阳割昏晓。
> 荡胸生层云，决眦入归鸟。
> 会当凌绝顶，一览众山小。

这还是摄像的方式，但八句诗的镜头切换得更复杂了。开头的一问"岱宗夫如何"之后，"齐鲁青未了"就好像把摄像机架在运动着的车辆上，对着连绵起伏的泰山山脉跟拍，却一直没有尽头。"造化钟神秀，阴阳割昏晓"，又好像动用了航拍技术，飞临泰山的上空巡航，俯瞰下面的朝阳或背阴的峰谷沟壑，记录不同角度光线照射之下的神奇效果。"荡胸生层云，决眦入归鸟"，镜头固定不动了，在相当长的一段时间里，记录着云的变化，特别是鸟儿向着大山飞去，越飞越远，越飞越小，直到最后消失在山色之中的片段。就像岑参的"鸟向望中灭"、刘长卿的"飞鸟没何处"，"灭"字和"没"字，就用来描写鸟儿飞向空阔背景的这样一个动态过程，让我们感觉到了镜头的景深。"会当凌绝顶，一览众山小"，这是在想象中把镜头架到泰山的最高峰，再居高临下地向四周俯拍，长镜头里所有的远景都渺小起来了。

再看李颀的七古《古意》：

男儿事长征，少小幽燕客。
赌胜马蹄下，由来轻七尺。
杀人莫敢前，须如蝟毛磔。
黄云陇底白云飞，未得报恩不得归。

辽东小妇年十五，惯弹琵琶解歌舞。
今为羌笛出塞声，使我三军泪如雨。

　　诗句富有叙事性，更具画面感。"男儿事长征，少小幽燕客"，幽燕这个地方，自古游侠尚武的风气就很盛。但这么说还是抽象的，接下来两句，"赌胜马蹄下，由来轻七尺"，生动的视觉形象出现了，那便是我们在影像中常见的骑术比赛。马背上奔驰的健儿，忽然一骨碌翻身向一侧倾倒，低低地援臂伸手从地面上掠走一个锦标，如同杜甫《前出塞九首》里的"走马脱辔头，手中挑青丝。捷下万仞冈，俯身试搴旗"。"轻七尺"，从表面意义上看，写了男儿七尺之躯的轻盈灵活；从深层意义上看，是指将生命置之度外。"杀人莫敢前，须如蝟毛磔"，"杀人"的主语是男儿，"莫敢前"的主语是要杀的敌人。这一句将内容压缩得很紧，紧接着便用了桓温"眼如紫石棱，须作蝟毛磔"的典故，给了一个大络腮胡子的面部特写，说明这人的样子很威武、很凶，难怪敌人"莫敢前"。"黄云陇底白云飞，未得报恩不得归"，"黄云""白云"的画面流动而写意，也呼应了前面骑马的速度之快。"未得报恩不得归",又观照了前面的"长征"二字。这个"长"不是二万五千里的"长",而是从"少小"到"七尺"、"蝟毛磔"却"不得归"的"长",是时间量度,而不是空间量度,于是给末句埋下了伏笔。诗接着忽然转到了"辽东小妇年十五,惯弹琵琶解歌舞"。辽东是比幽燕更远的边地,十五岁的小妇,能歌善舞,会弹琵琶,还会吹羌笛。诗的最后,声音出现了,出塞曲一响,便勾起了战士们的思乡之情。"使我三军泪如雨",就不是一个镜头了,而是许许多多个,而且其中必然包含有主人公泪水顺着络腮胡滴落的特写。

我们可以把许多唐诗看成一系列的蒙太奇镜头的组合,这些镜头高度压缩,巧妙拼接。杜甫《哀江头》的"翻身向天仰射云,一笑正坠双飞翼",将贵妃明眸皓齿的一笑,与天上鸟儿断翅丧魂的一坠叠加到一起,属于最高级的蒙太奇手法,意义比两个画面的相加要丰富得多。

我们还可以从这个角度去理解诗歌中比喻的作用。朱自清先生的《〈唐诗三百首〉指导大概》,苦口婆心

地给我们讲了很多诗中比喻的使用。比喻一般来说都
有形象，我们可以把本体和喻体看成两幅画的叠加。
如《长恨歌》"芙蓉如面柳如眉"一句，形容杨贵妃的
美，她的脸庞和眉黛，与荷花、柳叶，是同时出现、
相互重叠的。

将错就错的名篇

　　《唐诗三百首》影响这么大，流传这么广，对我们中国人的诗教起到了良好的作用。可这毕竟是两百多年前所编选的书，有一些错误也在所难免。我们学诗，当然是为了陶冶性情，为了审美，但另一方面，我们也要求真。古典文学在千百年的流传中，会发生很多文字上的讹误。过去的人搜书不易，不容易对照与订正。许多版本上的谬误沿袭至今，积非成是，其中包括很多名篇。我们最后就讲一讲这方面的问题，以免大家日后接触到这些名作的异文，感觉受了《唐诗三百首》的骗。其实，蘅塘退士已经多次上前人的当了。

一、陈子昂《登幽州台歌》

陈子昂没写这首诗。

唐、宋、元的典籍从来没有关于它的记载，明朝弘治年间的十卷本《陈伯玉文集》也不见收。到了嘉靖年间，杨慎在《丹铅总录》里加了《登幽州台歌》的诗题，称赞"其辞简质，有汉魏之风"。最早将其收进选本的，是明末钟惺、谭元春所编的《唐诗归》。

这是怎么回事呢？原来，陈子昂去世之后，好友卢藏用替他编了文集，还写了一篇《陈氏别传》。里面有这样几句话：

> 因登蓟北楼，感昔乐生、燕昭之事，赋诗数首。乃泫然流涕而歌曰："前不见古人，后不见来者。念天地之悠悠，独怆然而涕下。"时人莫之知也。

这"赋诗数首"，就是陈子昂写给他的《蓟丘览古赠卢居士藏用七首》。有研究者考证陈子昂登台的时候，卢藏用不在现场，而是在千里外的终南山隐居，所以这几句是现场记录的可能性不大。

[清]石涛《山水图册》中的作品

可想而知，这几句"流涕而歌"，显然是卢藏用结合对陈子昂当时情境的想象，把那七首诗的意思概括了一下，如"应龙已不见""昭王安在哉"，就是"前不见古人"；"兴亡已千载，今也则无推"，就是"后不见来者"；"千载为伤心""感我涕沾衣"就是"独怆然而涕下"。明代的杨慎是大才子，《三国演义》开头的"滚滚长江东逝水"就是他写的，可他是出了名地喜欢造假。这次杨慎慧眼识珠，挑出这四句话，说成是一首诗，倒是一不小心为我们造就了一首震古烁今的名作。

二、李白《静夜思》（又题《夜思》）

这首诗现在的版本并非李白当日所写的版本。宋代以来，各种《李太白集》，以及宋人编选的总集，如郭茂倩的《乐府诗集》、洪迈的《唐人万首绝句》，都作"床前看月光，疑是地上霜。举头望山月，低头思故乡"。现在流行的版本是清人改动后的结果。王士禛《唐人万首绝句选》、沈德潜《唐诗别裁集》先改"看月光"为"明月光"，后来乾隆敕编的《唐宋诗醇》又改"望山月"为"望明月"。我们觉得，这两处改动很妙，多一个"看"没必要，加一个"山"也多余，而两个"明月"的重复，增加了低回不已的情韵，改的人简直比李白还天才。

三、王之涣《登鹳雀楼》

在天宝三载（744）芮挺章所编的《国秀集》中，此诗名为《登楼》，作者是"处士朱斌"。同时代人编的当代诗集，显然更可靠。到了宋人李昉编《文苑英华》时，才把这首诗的作者换成了王之涣。如今严肃的唐诗选集里，著作权又重归朱斌名下了。

四、崔颢《黄鹤楼》

这首诗开头一句，"昔人已乘黄鹤去"，自唐人的选本如《国秀集》《河岳英灵集》等，到明初高棅的《唐诗品汇》，包括现代发现的敦煌写本，都作"昔人已乘白云去"。元人吴师道的《吴礼部诗话》（乾隆丁未吴骞拜经楼抄本）里，忽然说起："崔颢《黄鹤楼》诗，题下自注云：'黄鹤，乃人名也。'其诗云：'昔人已乘白云去，此地空余黄鹤楼。'云乘白云，则非乘鹤矣。《图经》载费文祎登仙驾鹤于此，《齐谐志》载仙人子安乘黄鹤过此，皆因黄鹤而为之说者。当以颢之自注为正。"这段话含糊不清，徒乱人意，让人感觉好像有"乘白云"与"乘黄鹤"的版本区别。清人金圣叹在《贯华堂选批唐才子诗》里，便煞有介事地称"此诗正以浩浩大笔连写三'黄鹤'字为奇"，而斥"乘白云"为"大谬"，说它无典可出，也不管《庄子·天地》中早就有"乘彼白云，至于帝乡"一说。在金圣叹的影响之下，清人的选本就纷纷都作"昔人已乘黄鹤去"了。现代学者都反驳金圣叹的谬论，主张"乘白云"为是。那么为什么第一句"白云"比"黄鹤"好呢？其实还是因为此诗运用了我们说的对称性原则。黄永武《中国诗学》解释道："崔诗原本是'白云''黄鹤'，四句回转，结构匀称，第一句白云一去，第四句白云还在；第二句黄鹤还在，第三句黄鹤一去，纠缭回环，用意绝妙。"[1]

五、王之涣《凉州词》（又题《出塞》）

这首诗的开头两句，宋刻版的《文苑英华》作

[1] 黄永武，《中国诗学：考据篇》，新世界出版社，2012 年版。

"一片孤城万仞山，黄沙直上白云间"。元刻版的《乐府诗集》作"黄沙直上白云间，一片孤城万仞山"。可见此诗早有异文。清人吴乔《围炉诗话》说："黄河去凉州千里，何得为景？且河岂可言'直上白云'耶？"到了现代，气象学家竺可桢、地质学家尹赞勋，都认为照玉门关的气候和地理看，"黄沙直上"要比"黄河远上"合理。关于这个问题，沈祖棻在《唐人七绝诗浅释》中就说："今天很难据底本以断其是非，而只能据义理以判其优劣。"[①] 但义理也分科学义理和文学义理，我们最好还是根据文学的情感逻辑来看待问题。正如沈祖棻说的："古人写诗，但求情景融合，构成诗情画意的境界，至于地理方面的方位或距离等问题，有时并不顾及实际情形，因此，不必'刻舟求剑'。照我们看来，后一说是可取的，'黄河远上'是较富于美感的。"

　　这些都是《唐诗三百首》里存在的版本问题。正是因为《唐诗三百首》影响太大，导致"床前明月

---

① 沈祖棻，《唐人七绝诗浅释》，陕西师范大学出版总社，2019年版。下同。

光""昔人已乘黄鹤去""黄河远上白云间"都已经家喻户晓了，反而一听到谁说这首诗原本不是这样的，人们便大吃一惊，难以置信。因此，我们也就将错就错了吧，用不着改了——要改也只需要"黄鹤"改"白云"，"王之涣"改"朱斌"——但应该知道这些事实的存在。相信李白如果看到现行版本的《静夜思》，应该也会认可的，因为这比他的原作高明；而陈子昂也会乐意自己写过这样一首《登幽州台歌》，就像杜牧也会乐意他名下有一首《清明》。《唐诗三百首》没有选《清明》，大概也清楚这首诗杜牧本集里原没有，是直到《千家诗》里才归于他名下的。

关于笑的一堂课

—— 《我是猫》 导读

扫描左侧二维码，试听名著微课堂，精彩内容率先掌握。

导读老师

常立 复旦大学文学博士，浙江师范大学儿童文学研究中心副教授。著有《我想象》《消费浪潮与文学潜流——新世纪文学（1997—2012）研究》等学术性著作、《从前，有一个点》《很久很久以后》等童话集、《如何让大象从秋千上下来》《哪吒》《我家有个小神仙》《瓷公主的大冒险》《我听见万物的歌唱》《国宝中的大美中华》等图画书、《谁请我们吃大餐？》等儿童剧本、《故事里应该有怪兽》等小说，译有《会消失的湖》《夏天守则》《蜗牛去漫游》《月亮上的野蜂蜜》等图画书。

一个故事

在讲夏目漱石的《我是猫》之前，我先来讲一个故事。

这个故事，是关于夏目漱石这个名字的由来的。夏目漱石原名夏目金之助，他童年时读到了《世说新语》中的一个典故：西晋有个文学家叫孙楚，孙楚想要隐居，畅享"枕石漱流"之闲逸，也就是以石头为枕头，以流水为漱口水，但是不小心说成了"漱石枕流"。于是孙楚被人讥讽说："流可枕，石可漱乎？"意思就是流水怎么当枕头，石头怎么用来漱口呢？你是不是有点得意忘形了啊？换了我们一般人，这时候肯定会说："哎呀，口误了。"那样，我们就错过了一个被载入《世说新语》的机会。孙楚的回答有趣多了，他说:"所以枕流,欲洗其耳;所以漱石,欲砺其齿。"
这是什么意思呢?我以流水为枕,是为了清洗我的耳
朵;我以石头来漱口,是为了磨砺我的牙齿。洗耳、
磨牙,都是有象征意义的行为:洗耳高洁,不听浊声;
磨牙勇猛,以利嘴牙,都有类似以笔为枪的意思。这
个故事给夏目漱石留下了深刻的印象,因此他二十岁
出头就开始以"漱石"作为自己诗文的落款,从此夏
目漱石就成了他的笔名。

从读者反应的角度来说,这个故事引人发笑。那
么,为什么这个故事会引人发笑呢?有什么内在的机
制,使得它能引人发笑吗?我们能不能掌握引人发笑的
秘密,用于我们自己的阅读和写作呢?笑对我们的教
育、我们的人生有什么作用吗?这正是我通过对《我是
猫》这部小说的讲解试图阐明的问题。

他山之石

　　古往今来，令人发笑的文艺作品十分丰富。日本有俳谐文学传统，也有类似单口相声的落语这一民间曲艺形式传承。夏目漱石自幼便喜欢俳谐文学与落语。说到日本的俳谐文学，它的源头在中国。我国古汉诗中有一种体裁被称为诙谐体，是以机智的滑稽为中心的诗。《古今和歌集》中也设了俳谐诗部。

　　俳谐这个术语在中国隋唐时代就已经出现，隋代姚察说："滑稽，犹俳谐也。……言谐语滑利，其知计疾出，故云滑稽。"《古今和歌集》编撰的年代是日本平安前期，中国当时正处在唐和五代时期。由此可见，当时中日文化交流频繁，因为"俳谐"这个术语出现不久，就传入了日本。我们从夏目漱石给自己取的笔名就可以知道（当然还有许多传记资料也可以证明），他十分喜欢中国古典文学，自然也受其中滑稽美学的影响。

青年时期，夏目漱石在英国留学，他熟读莎士比亚，也格外喜欢莎士比亚的喜剧作品，认为莎士比亚戏剧中的许多人物都富有滑稽趣味，而"不道德分子与滑稽趣味常常是相结合的"。这些具有不道德成分又幽默机智的人物，典型如《亨利四世》中的福斯塔夫，常常把体面、品德、礼节视若无物，借之驱散人生的一切穷愁困苦。夏目漱石发现人们喜欢这类道德上不完美的滑稽角色，在观看演员演出时，观众会被天真的滑稽情绪支配，并希望这样的角色尽可能长久地待在舞台上。

如果说，文学创作中一定有什么技巧在作家之间秘密流传的话，那么这些技巧最常见的传播途径就是阅读。就像余华、残雪读到了卡夫卡，王小波读到了卡尔维诺、莫迪亚诺一样，夏目漱石对俳谐文学的阅读，也为自己的俳谐写作铺设好了道路。

笑的原理

　　有种常见的说法——哭是人生来就会的，而笑是需要后天学习的。其实也不尽然，笑几乎不需要后天的学习，0—3 岁的幼儿就具备笑的能力。动物学家发现猴子也能发笑。当猴群歇息时，有专门负责警戒的猴子，它听到动静，会发出啸声报警，猴子们就从睡梦中醒来，四散奔逃。这些警报有时的确能帮助猴群避开危险，但有时只不过因为风吹草动，虚惊一场，这时，有的猴子就会发出"笑"声。

　　那么猴子因何发笑呢？科学家们认为很可能是其大脑的不同功能叠加时遇到了不协调的异常之处，故而引起笑声。一部分大脑注重秩序和规则——听到报警声意味着危险临近，必须严肃紧张地对待；另一部分大脑则擅长发现混乱和不规则现象——只不过是偶然的风吹草动，根本就没有危险，白忙一场。两部分共同运作时，在秩序和混乱之间，在规则和不规则之间，发现矛盾的大脑卡壳了，这时它不会像电脑一样"死机"，而是会产生"笑"。

人因何发笑呢？原理也如上所述。还不会说话的婴儿，听到突然改变的不协调的异常语调就会发笑，如要对更复杂的事物发笑，则需要更丰富的经验与更发达的思维。比如这样一句颠倒儿歌："我开开天，望望门，满天的月亮一个星。"人要想对它发笑，就需要有相关经验，知道一般的秩序是"我开开门，望望天，一个月亮满天的星"；还需要有判断力，能够判断出这句儿歌颠倒了常规的秩序，讲述的是不可能的现象。这就是说，人要发笑，就需要有经验与判断。经验帮助人了解一般秩序和规则，判断帮助人发现混乱和不规则。而当这两者对撞冲突时，笑就发生了。

下面我们来进一步探讨文学中的制笑机制，它由三个条件组成：一、有一个或若干个正确标准；二、发现与标准有不符之处；三、关注表面，揭露内里。

制笑条件一：正确标准

我们来看第一步，有一个或若干个正确标准。

普罗普在《滑稽与笑的问题》一书中指出："滑稽及其引起的笑的第一个条件就是笑者有某些规范的、道德的、正确的观念。"[①] 这些观念即"正确标准"，它们可以是先天具备的，也可以是经由后天的文化塑造而来的。

以开始提到夏目漱石时讲的故事为例。要想对这个故事发笑，你首先得知道一个正确标准——"枕石漱流"是西晋隐士的娴雅风度；同时还得知道另一个正确标准——把"枕石漱流"说成"枕流漱石"这一口误代表

---

① ［俄］普罗普，《滑稽与笑的问题》，杜书瀛译，辽宁教育出版社，1998 年版。

了人物的附庸风雅或不学无术。这两个正确标准，分别引发了两种不同的笑声，我们稍后再分析。

我们再以《我是猫》为例，看一下书中的主人苦沙弥是怎样做"香一炷"这篇"风雅"的俳句或文章的。

> 主人举着笔，歪着脑袋做搜肠刮肚状，然而眼见得佳句难觅，他竟舔起了笔尖，直舔到嘴唇一片乌黑之后又提笔在稿纸上画了一个圈。然后在圆圈中点上两点算是眼睛，在圆圈的正中央画一个鼻翼张开的鼻子，鼻子下面画一条横线算是嘴巴。这么一来就既不是文章也不是俳句了。随后，主人像是自己也厌烦了，便草草地将脸蛋给涂抹掉了。接着，主人又另起了一行。似乎他觉得只要另起了一行就能写出诗或赞或语或录或别的什么东西来的，可事实上这仅仅是他一厢情愿罢了。不一会儿，他以一气呵成之气势，言文一致之文体飞快地写道：
>
> "天然居士是一个研究空间、读《论语》、吃烤白薯、流鼻涕的人"——什么乱七八糟的。写完之后，主人毫无忌惮地大声朗读了一遍，随即又从未有过地"哈哈哈哈有趣有趣"地大笑了一通。接着

又嘟囔道：

"流鼻涕云云太刻薄了点，删去吧。"①

这还不算完，接下来主人和夫人拉拉杂杂说了许多闲话，主人还把拔下的鼻毛当作天下奇观一般瞻仰，直到最后把文章删得只剩下一句话——"天然居士是一个研究空间、读《论语》的人"，后又觉得文章太过简单，写文章也太过麻烦，"文章就算了，光留个碑名吧"，"好一番苦心孤诣，终于落得个不着一字的下场"……

要对这个片段发笑，至少得先知道以下几个正确标准：

一、"文章千古事，得失寸心知。"这句话是说，文章是关系到千秋万载代代流传的大事，作者对其中的得失心里最清楚。

二、写文章是风雅之事。

三、"死生亦大矣"这句话是说生或死都是人生中的重大事情，因此墓志铭是一种十分重要且严肃的文体。

接下来我们看看如何通过违反这些正确标准来制造笑。

---

① ［日］夏目漱石，《我是猫》，南方出版社，徐建雄译，2018年版。本书所引《我是猫》相关段落均出自该版，后不再赘述。

1971 年白杨社《我是猫》插图

制笑条件二：不符标准

要想产生笑，第二个条件是人物的身上或生活里有某种不合乎正确标准的东西，如康德所说："在一切引起活泼的撼动人的大笑里必须有某种荒谬背理的东西存在着。"①

我们仍以题为"香之炷"的墓志铭的写作为例。墓志铭写作是关乎名扬后世的、严肃重大的风雅之事，但是看看主人的表现：先是舔笔尖舔到嘴唇发黑，再是在纸上画出眼睛、鼻子和嘴巴，然后又厌烦地涂抹掉图画，随意地书写，把"研究空间""读《论语》"的严肃之事和"吃烤白薯""流鼻涕"的粗鄙之事并呈，更不用说后面还不断打岔、瞻仰鼻毛、删得"光留个碑名"，

---

① ［德］康德，《判断力批判》，宗白华译，商务印书馆，1964 年版。

用流行话来讲就是"写了个寂寞"。风雅变粗俗，重大变渺小，严肃变不正经，笑就在这一切正确标准都被颠覆的过程中产生了。

我们再来审视一下开篇的那个故事。故事中有两条标准，如前所述，第一条标准——"枕石漱流"是西晋隐士的娴雅风度。而孙楚把话说反了，说成了"枕流漱石"，按照生活的常识，流水不能当枕头，石头也不能拿来漱口，因此这里有种反常的不协调，引人发笑。但如果想引发更多的笑声，我们则需要了解第二条标准——把"枕石漱流"说成"枕流漱石"这一口误代表了人物的附庸风雅或不学无术。明确此标准之后，我们才能更好地领会孙楚后来妙答的趣味。我以流水为枕，是为了清洗我的耳朵；我以石头来漱口，是为了磨砺我的牙齿——这个回答很好地颠覆了第二条标准，别出心裁地说明了孙楚的心性高洁和意志坚定，绝非附庸风雅或不学无术之辈，由此可以引发第二种笑。

制笑条件三：表里不一

　　产生笑的第三个条件是学会艺术地表现滑稽，具体而言就是通过关注表面的现象来揭露内在的谬误，使内里显得空洞、荒谬、无价值。诚如普罗普所说："滑稽家、幽默家、讽刺家的技巧或才华就在于，通过表现嘲笑客体的外表去揭露它内在的缺陷和不足。"[①] 他以胖人形象为例，若刻画的胖人是巴尔扎克，那就不可笑，因为巴尔扎克的内在精神极其强大；但若刻画的胖人的内在是愚蠢、空虚、无意义的，就会产生笑。

　　以《我是猫》中的大鼻子形象为例：

　　　　然而，她的鼻子却大得出奇，简直就像是将别

—————————
① ［俄］普罗普，《滑稽与笑的问题》，杜书瀛译，辽宁教育出版社，1998 年版。

人的鼻子偷来后安在脸部正中的一般。就好比将招魂社里巨大的石灯笼移到了一个只有三坪大小的小院子里一般，尽管独得八面威风，却给人一种没着没落的感觉。该鼻子就是所谓鹰钩鼻，其造型先是尽力拔高，而中途似又有所反省而谦逊地收住了势头，再往前便迥异于最初的冲劲而往下垂落，呈一窥下方嘴唇之态。由于该鼻子太抢眼了，故而她在说话时，似乎不是嘴巴在说话，而是鼻子在说话。为了对那个伟大的鼻子表示敬意，本猫决定今后用"鼻子"一词来称呼该女士。

这位长着"伟大"的鹰钩鼻的金田夫人，此后经常被叙事者以"鼻子"相称，并且被主人不断嘲笑："那是一副十九世纪卖剩的，二十世纪也滞销的相貌。"以至主人的妻子提醒道："可对人家的相貌说三道四的，也太低级了吧。谁也不是自己愿意长那么个鼻子的啊——再说，她毕竟是个妇道人家嘛，这么说人家可有些过分了。"但是主人回复说："什么过分不过分的？那是妇人吗？根本不是妇人，是蠢人。"这句话说出了作者不断讥嘲"鼻子"的根由，并不是要嘲讽外貌，而是要嘲讽长着这外貌的人内在的愚蠢。从书中情节可知，金田夫人是资本家的代表，唯利是图、斤斤计较、傲慢势利、自以为是，正是主人和他的朋友们内心鄙视的那些价值观的代言人。因此迷亭在从生理学、进化论、面相学、历史名人的鼻子等各个角度进行了关于鼻子的长篇主题演讲之后，得出了结论："我欲加以证明的是，那颗鼻子与那张脸毕竟是不协调的。"其实小说告诉读者的还有，拥有这"伟大"鼻子的人物的外表的光鲜与内在的腐坏也是不协调的。

再来看一下书中另一个例子。

写作墓志铭的主人，他做足了写作外在的模样，但实际上在"鬼画符"。这暴露出了人物的知识分子式的装腔作势，也消解了写作所自带的严肃、重大和追求永恒的意义。

孙楚"枕流漱石"的故事，则更复杂一些。如上所述，它能产生两种笑：前一种笑中用表面的口误揭示了所谓隐士高雅风度的矫饰性，有一种向下的否定的力量；而后一种笑是对前者的反转，字面上进行了稍显"强词夺理"的解释，揭示了人物的内在机智，重新颂扬了人物所具有的魏晋风度，有一种向上的升华的力量。这就是我接下来要讲的笑通过对事物表里不一的呈现而展示出的两种力量。

笑的力量一：否定力

常见的笑的力量，是一种向下的否定力。

从大处说，笑否定世俗权威的压制和所谓真理的束缚。意大利作家翁贝托·埃科有一部小说《玫瑰的名字》，书中就展示了笑的这一强大力量。故事围绕一部今天已经失传的经典著作展开。这本书被收藏在中世纪的一座修道院的藏书楼里。修道院里发生了一系列奇特的死亡事件，修士威廉与弟子阿德索在这里进行侦察、推理和破案，最终揭开了谜底：凶手是修道院里德高望重的老修士豪尔赫；他的作案动机是为了防止禁书被阅读；作案手法是在书页上下毒，偷阅禁书的人用手指沾口水翻动书页，就会中毒而死。

这本禁书就是《诗学》下册。众所周知，亚里士多德的《诗学》上册论述了悲剧艺术，而下册据说是论述喜剧艺术的。在书里，亚里士多德把笑的倾向视作一种积极的力量，通过一些诙谐的字谜和意想不到的比喻，产生一种认知的价值。豪尔赫认为，人们阅读此书就会掌握喜剧艺术，获得笑的力量，而这是对神圣真理的冒犯。"笑，可以使愚人免于恐惧。可是法律的基点就是恐惧，换言之也就是对上帝的恐惧。……愚民在发笑时，连死也不放在心上了。没有了恐惧，我们这些罪人将会如何呢？"① 为了变态地维护自己的所谓真理，豪尔赫不惜犯下累累罪行。而威廉修士的观点恰恰相反："说不定，那些深爱人类的人所负的任务，是使人们嘲笑真理，'使真理变得可笑'，唯一的真理，在于学习让我们自己从对真理的疯狂热情中解脱""敌人的严肃，必须以笑声驱散"。①

《我是猫》中有许多展示这方面否定力的例子，比如借猫之口说出：

> 官吏本是人民的公仆，是为了让他办事才将

① ［意］翁贝托·埃科，《玫瑰的名字》，谢瑶玲译，作家出版社，2001年版。

某种权限委托给他们的。说到底，他们也就是个代理人而已。然而，他们每天利用受委托的权力处理事务后，就渐渐地狂妄自大起来，认为这些权力就是他们自身所拥有的，人民根本没理由来多嘴多舌，问这问那的。

从小处说，笑否定人身上的种种弱点——愚蠢、贪婪、怯懦、虚荣、骄傲、吝啬、古板、偏执，嘲笑日常生活中出现的种种乖谬错误。《我是猫》中这样的例子比比皆是，寒月、迷亭、东风、独仙、主人苦沙弥及其夫人，还有"本猫"，无一尽善尽美，各自都有缺点与陋习。仅以"本猫"为例：

吃，还是不吃？——本猫环顾四周，颇为踌躇。也不知算是幸还是不幸，此刻周围连个人影都没有。厨房女佣在拍毽子玩——无论岁末新春，她的脸上总是那么一副死样。小家伙们在唱"小兔子别乱讲"。要吃的话就在当下。倘若错过了当下这么个绝佳时机，恐怕到明年的此刻为止也是无缘得尝年糕之滋味的。

1971 年白杨社《我是猫》插图

　　刹那间，本猫悟出了一条真理："天赐良机会让所有的动物做出他们本不愿做的事情来。"

　　作为叙述者的"本猫"在这一段自述中充分暴露出了贪吃、自大的特点，他还喜欢卖弄知识，好大喜功。此后在试图摆脱年糕的"战斗"中，他又悟出了第二条真理："所有的动物都可凭直觉来预测事物稳妥与否。"然而，"尽管真理已发现了两条，可年糕仍牢牢地粘在牙上，故而毫无愉悦、得意之感"。等到他为摆脱年糕而两足站立并因此悟出第三条真理——"临危之际，能为平日之所不能为，此乃天佑之谓也"后，却落得个"山穷水尽，一筹莫展，丑态毕露，直翻白眼"的下场。

笑的力量二：升华力

另一种笑的力量，是向上的升华力。

美国诗人吉尔伯特有一首诗《辩护状》，讲到了这种力量的重要性：

> 悲伤无处不在。屠杀无处不在。如果婴儿
> 不在某个地方挨饿，他们就在
> 其他地方挨饿。苍蝇在他们的鼻孔里。
> 但我们享受我们的生活，因为这是上帝想要的。
> 否则，夏日曙光之前的清晨就不会
> 创造得如此美好。孟加拉虎也不会
> 这般威武非凡。那些贫穷的妇女
> 在泉水边一起笑着，置身于

她们已知的苦难和未来的凄惨

之间，微笑又大笑，尽管村子里

有人病入膏肓。每天都有笑声

在加尔各答令人恐怖的街头，

而女人们在孟买的牢笼里笑着。

如果我们否认我们的幸福，抵制我们的满足，

就会使他们遭受的剥夺变得无足轻重。

我们必须冒喜悦的风险。我们可以没有消遣，

但不能没有喜悦。不能没有享受。我们必须

顽强地接受我们的快乐，在这个无情的

世界的火炉之中。让不公成为我们注意力的

唯一尺度，是在赞美魔鬼。[1]

这首诗的上半部分告诉我们，在一个"悲伤无处不在""屠杀无处不在"的充满苦难的世界上，笑有多么重要。因为夏日曙光之前的清晨如此美好，孟加拉虎如此威武非凡，所以那些贫穷的妇女在苦难和凄惨之间的缝隙里，仍在微笑又大笑，甚至在牢笼里也有笑声。如

---

[1] ［美］杰克·吉尔伯特，《杰克·吉尔伯特诗全集》，柳向阳译，河南大学出版社，2019 年版。

果我们这些生活在和平时期，身体健康且能够接受教育的人，不努力去笑对生活，不"顽强地接受我们的快乐"，那么我们就是在蔑视、贬低苦难中人所遭受的种种剥夺。笑，是黑暗中的一抹亮色，苦难中的一点甘甜。会笑的人不相信长夜将至，因为长夜到来时，笑就是人手中的火把。也是因为这个，诗人扎加耶夫斯基写了《尝试赞美这残缺的世界》。

华兹华斯的诗歌《我们是七个》运用制笑机制展现了笑的升华力：

我碰见一个乡村小姑娘：
她说才八岁开外；
浓密的发丝一卷卷从四方
包裹着她的小脑袋。

她带了山林野地的风味，
衣着也带了土气；
她的眼睛很美，非常美；
她的美叫我欢喜。

"小姑娘，你们一共是几个，

你们姊妹弟兄？"

"几个？一共是七个。"她说，

看着我像有点不懂。

"他们在哪儿？请给我讲讲。"

"我们是七个，"她回答，

"两个老远地跑去了海上，

两个在康威住家。

"还有我的小姐姐、小弟弟，

两个都躺在坟园，

我就住在坟园的小屋里，

跟母亲，离他们不远。"

"你既说两个跑去了海上，

两个在康威住家，

可还说是七个！——请给我讲讲，

好姑娘，这怎么说法。"

"我们一共是七个女和男,"
小姑娘马上就回答,
"里头有两个躺在坟园,
在那棵坟树底下。"

"你跑来跑去,我的小姑娘,
你的手脚都灵活;
既然有两个埋进了坟坑,
你们就只剩了五个。"

小姑娘回答说:"他们的坟头
看得见一片青青,
十二步就到母亲的门口,
他们俩靠得更近。

"我常到那儿去织我的毛袜,
给我的手绢缝边;
我常到那儿的地上去坐下,
唱歌给他们消遣。

"到太阳落山了，刚近黄昏，
要是天气好，黑得晚，
我常把小汤碗带上一份，
上那儿吃我的晚饭。

"先走的一个是金妮姐姐，
她躺在床上哭叫，
老天爷把她的痛苦解了结，
她就悄悄地走掉。

"所以她就在坟园里安顿；
我们要出去游戏，
草不湿，就绕着她的坟墩——
我和约翰小弟弟。

"地上盖满了白雪的时候，
我可以滑溜坡面，
约翰小弟弟可又得一走，
他就躺到了她旁边。"

我就说："既然他们俩升了天，

你们剩几个了，那么？"

小姑娘马上又回答一遍：

"先生，我们是七个。"①

诗中的"我"，不断尝试让小姑娘承认死亡的强大，承认死亡就是不存在了。但是小姑娘并不这么认为，七个就是七个，不会因为死去两个而变成五个，更何况死亡也并不意味着不存在，小姑娘依然经常去陪伴逝去的亲人，因此"我们是七个"，并且永远是七个。在这一系列问答中，在问答引发的笑声中，死亡的严肃性消解了，强大的死神因此被打败。

《我是猫》中"本猫"的死亡，也显现了这种升华力：

这可真有趣啊——本猫想出去了。

月亮姐姐，你好啊。——出去后就想跟月亮打个招呼。

① 《英国诗选·莎士比亚至奥顿》，卞之琳编译，商务印务馆，1996年版。

啊啊，真畅快啊。

所谓"陶陶然，飘飘然"大概说的就是这种感觉吧。……

管他呢？既然如此，即便前面是刀山火海又有什么可怕的？……

……………

"算了吧。别'咯吱吱'地瞎折腾了。听天由命吧。"

一念及此，本猫便放松了前足、后腿、脑袋，还有尾巴，一任它们遵从自然之力。

渐渐地，本猫觉得越来越舒适。已分不清受罪还是走运，也搞不懂是身在水中还是在客厅里。身在何处？所为何来？这一切又有什么相干呢？只觉得舒适惬意。不，就连舒适惬意也都感觉不到了。本猫将拽落日月星辰，捣碎天地万物，从而进入不可思议之平安境地。

1971 年白杨社《我是猫》插图

　　"本猫"醉酒坠缸，挣扎无果溺毙，本是极可悲哀之事，但"本猫"如此讲来，一时和月亮称姐道弟，一时陶陶然、飘飘然，一时遵从自然之力，以至拽落日月星辰，捣碎天地万物，从而进入了不可思议之平安境地，颇有看淡死生的豁达、宁静致远的超然了。这同样也是对严肃死亡发起的挑战。至少，《我是猫》中的"本猫"，以其笑谈人间、笑对死生的形象，永远地存活在世界文学长廊中了。

两种思维

　　笑所具有的两种力量——向下的否定力和向上的升华力，分别对应着两种思维——批判思维与想象思维。多接触文学作品中的"笑"，可以帮助我们训练这两种思维。

　　《我是猫》充满想象力地选择了"本猫"作为故事的叙述者，用猫的眼睛来观察，用猫的饶舌来讲述，因此获得了更大的叙述自由度。"本猫"可以使用人类的语言，但他摆脱了人类身份的束缚，因而超越了限定的框架，说出了丰富的哲言，从多种角度反思了人性，批判了社会。我们也可以将这一手法运用到自己的写作当中。我创作的"动物来信"系列绘本，以六十四种动物的视角和口吻写了六十四封信，对亟待完善的种种现实提出批评。例如《来自灭绝动物的信笺》一书中旅鸽的来信是这样的：

不爱学习的小旅鸽：

我的孩子，我说这些话都是为你好。

你生活的年代和我们不同。你知道北美大陆东部现在有多少只旅鸽吗？保守估计，50亿只！旅鸽群所过之处，遮天蔽日。不久前飞越俄亥俄州一地的天空，花了14个小时所有旅鸽才全部飞过。旅鸽群所栖之树，所有的种子作物被一扫而光，仅仅一棵树上就能筑巢500多个。你知道这意味着什么？这意味着你们将要面对的竞争前所未有！进食权、筑巢权、交配权，每一项权利都需要你依靠自己的力量去争取！所以，你必须好好学习，发挥潜能，才能成为"鸽上之鸽"。至少，你要发愤图强，不能掉队。只有这样，你才能不被滚滚向前的历史车轮碾轧、淘汰。

我很想一直用我的羽翼保护你，但这不可能。孩子，面对现实，准备战斗吧！

这就是我们旅鸽伟大而光荣的历史使命！

为孩子的学习感到焦虑的旅鸽爸爸

1866年12月24日①

---

① 常立，《来自灭绝动物的信笺》，北京联合出版公司，2020年版。

这是一封为孩子学习感到焦虑的旅鸽爸爸写的充满了谆谆教诲的"励志"信，然而这样励志的结果却是物种的灭绝。

　　如果追究旅鸽自身原因的话，其繁盛之时就是衰落之始。这是因为旅鸽面对来自种群内外的激烈竞争，个体稍有差池就会被无情淘汰，所以自然选择使得更能适应环境的基因突变迅速扩散到整个种群，导致旅鸽的遗传多样性大大降低。当环境随着人类活动再度剧烈变化时，严重同质化的旅鸽种群就无法适应而一溃千里了。

　　想一想吧，当旅鸽群的翅膀遮蔽整个天空，当它们都发展出一样的特长，呼喊出一样的声音，这一"辉煌"时刻也恰恰是它们脆弱的时刻。这难道不是对人类的教育现状提出的警告吗？

在上述文字中，我运用了在《我是猫》中也频繁运用的一种修辞手法——戏仿。

戏仿修辞

戏仿，又称滑稽模仿，是制造笑声的有力手法。戏仿手法按其使用的语气语调，可以分为升格戏仿和降格戏仿两类。所谓升格戏仿，就是用崇高宏伟的语体叙述微不足道的琐事；而以粗鄙荒唐的语体来表达认真严肃的论题，则是降格戏仿。

先来看一个升格戏仿的例子：

圣甲虫

曾经

找到我，你

多么幸运。生为幼虫，

被腐土拥抱，生有鞘翅，

被先人宠爱。你从来没有

见到过像我这样的盔甲。当太阳神

滚动起他头顶炽热的圆盘，我就开始滚动

我完美的球体，由粪构成，穿过沙地。

我在旧死上缔造新生：我的孩子们纷纷出现，

就像最耀眼的战士，出身贫贱。

从死亡，到生命；从丑陋，到美丽。

这是来自远古的魔法课。

学好它。神会保佑

你，因你把我

捧在你

手心。①

　　圣甲虫，我小时候叫它屎壳郎。这首诗就是屎壳郎的自述，当然也讲到了它推粪球、育儿的生活习性，但是在诗中是这样叙说的："我完美的球体，由粪构成，穿过沙地。/ 我在旧死上缔造新生：我的孩子们纷纷出现，/ 就像最耀眼的战士，出身贫贱。"这是用史诗的

① ［美］乔伊斯·西德曼，《生命的欢歌：和我们一起出发》，常立、马俊江译，贵州人民出版社，2019 年版。

笔法书写小小昆虫的生活习性，把"卑微""贫贱"升格成了"最耀眼的战士"。《我是猫》中"本猫"从摆脱年糕这一出乖露丑的举动中收获了"所有的安乐都出现在艰难困苦之后"等四条真理，显然也是运用了升格戏仿的手法。

再来看一个降格戏仿的例子：

> 一入冬，雨就下个不停，霍乱也随之而来。不过霍乱得到了控制，最后军队里仅仅死了七千人。①

这是海明威小说《永别了，武器》第一章的结尾，"军队里仅仅死了七千人"，这个"仅仅"一词透出黑色幽默的味道。在什么情况下能使用"仅仅"来评价"死了七千人"呢？当然是在发生了比霍乱更严重的灾害的情况下。什么灾害比霍乱更严重呢？当然是残酷的战争。面对战争造成巨大伤害这样严肃的事情，小说采用了降格戏仿，故意漫不经心地、不无荒唐地使用了"仅仅"一词，曲折地表达了对战争的否定。

---

① ［美］海明威，《永别了，武器》，孙致礼、周晔译，译林出版社，2012 年版。

　　《我是猫》中也有许多地方采用了降格戏仿，之前讲到的主人写墓志铭即为一例，大好一桩雅事，却被叙述成了鼻涕横流、一地鼻毛的粗鄙之事。

　　你还能在《我是猫》中找到其他升格戏仿和降格戏仿的例子吗？你能运用升格戏仿和降格戏仿来写作吗？

笑的教益

　　《我是猫》堪称一本笑的百科全书，其中当然也涉及笑的教育功能。如果说，我们能从艺术作品的"笑"中获得教益，那么主要的益处有三点：

　　第一，获得不断突破常规套路的勇气。

　　笑从不协调中来，经常颠覆常规合理性。《我是猫》相较于它出现之前的诸多日本文学作品，就是一部非一般的小说。它没有一致的主题、整体的线索、严谨的结构、缜密的因果联系，而是采用松散的结构和饶舌的散文笔法，不断岔开主题、延宕情节、破坏因果律，最终成为一部独具一格的有趣作品。夏目漱石在动笔时就决意写一本不同寻常的小说，他也的确达成了心愿。

要想理解这部书松松散散、奇奇怪怪的故事特点，你可以看一看第十一章寒月讲述自己如何学小提琴的故事。仅仅是学琴之初的买琴环节，寒月就讲了整整十三页。其间，不但听故事的众人纷纷打岔，寒月自己也不断使用重复延宕的技巧，一次又一次地讲述——"热辣辣的秋日明晃晃地照在六尺宽的隔扇上……上方有个细长的影子，在秋风中摇摇晃晃的"，一次又一次地"出了被窝，拉开了隔扇，来到檐廊上，摘了个柿饼吃"，直到把一树的柿饼吃光，离买小提琴也还差了好远。

这个学小提琴的故事，显然戏仿了高人雅士学琴的故事。雅士学艺的常规叙事套路，多表达"艺术为人类精神追求之极致"的主题，但是寒月的故事与此不同，他半夜上山拉琴，却被一声"嘎——"吓得飞身逃跑，"钻进被窝蒙头大睡"，最终琴也没拉成。正如迷亭所评价的：

桑德拉·贝罗尼在月下弹奏竖琴，在林中歌唱意大利风格的歌曲，倒与你怀抱小提琴独上庚申山有异曲同工之妙。可惜的是，她那里惊艳了月中嫦娥，你这边却被池中怪狸吓跑了，在紧要处分出了崇高与滑稽间的天壤之别。真是不胜遗憾之至啊。

可是寒月淡定地说："也没什么遗憾嘛。"显然，《我是猫》的种种叙事方面的离奇之处，也是作者夏目漱石蓄意为之的结果，他和寒月一样，"仿佛并不太在乎别人如何评价"。

第二，有助于培育具有判断力和想象力的现代个体。

蔡元培在《以美育代宗教说》一文中分析了"滑稽之美"，指出滑稽"不与事实相应"，因而具有批判性与创造性。如前所述，笑有两个方向的力，既往往表现出对既有环境和认知体系的颠倒与破坏，又常常唤起充盈着肆无忌惮的生命能量的狂欢体验。两者相结合，拓展着批判思维与想象思维，有助于培育兼具审美判断力和想象力的现代个体。

要想理解笑，就需要学会理解不同的语境、文化、意识形态，需要学会理解与自己接受的真理所不同的真理，最终养成自觉的质疑精神与批判意识，从而对每一种既存处境都能够反思，都能够看出其反面。

要想创造笑，还需要无所畏惧地打破一切成规成见，让想象肆无忌惮地飞扬。罗伯特·麦基将故事的发源概括为一句话——故事来自裂隙。裂隙是指人物欲求与现实境况、期待与回应之间的巨大反差，故事就从这反差的鸿沟中产生。笑的声音，也来自事物表里反差的鸿沟中。笑的声音，就是即便在种种障碍与限制中也能奔涌而出的自由的声音、解放的声音。

第三，有助于让我们生存的世界变成一个更美好的世界。

喜多村惠的绘本《微笑商店》描画了一个单纯的世界——在这个世界上，我们可以拥有更美好的东西，不需要花钱，只需要交换和分享。如此简单，简单到许多人会说：那不过是讲给孩子听的故事，只有孩子才会认为"全世界都在和我一起微笑"。

"全世界都在和我一起微笑"，这是童话中才会有的结局。然而，人们需要用这样充满笑的童话来与世界建立联系。假如我们放弃了对美好世界的想象，那么从想象停止的那一刻起，我们就会开始坠落，世界就会开始崩坏。假如我们想把一个更好的世界交到孩子的手中，我们首先要让自己去想象一个充满笑的世界。尽管冷漠的世界、虚无的感觉、天地万物失去颜色的境况，或许会在人生的某个时刻等着我们，但我们曾经在想象中看见过一个美好的世界，我们就可以做出这样的选择：不要放弃对美好世界的想象，也不要放弃对美好世界的追求。

　　世界上许多伟大的作家（包括夏目漱石），都在自己的作品中倾注了对多元文化融合的人类世界的美好想象——来自世界各地的人们，交换和分享彼此的笑。

　　愿这样的美好情境不只出现在文学中。

——《围城》导读

《围城》到底围住了谁

扫描左侧二维码，试听名著微课
堂，精彩内容率先掌握。

王小庆 中英文"双栖"教师。长期以来关注教育人文，编、著、译教育书籍多种，主要作品有专著《评课到底评什么：王小庆评析名师课堂》、编著《如何培养好公民》《日有所诵·英文诵读》《好用的中小学英语教学游戏》、译著《教学与行为干预（RTI）》《学生教我做老师：罗恩·克拉克学校的成功秘密》《货币文化史2：中世纪黄金的盛宴与贸易兴起》等。

引子：读《围城》总不会错

大学毕业后，我到一所中学做老师，最初的几日，不知道怎么设计课堂。之前想好的教学内容，往往没过多久就讲完了，剩下的时间，"像白漫漫一片水，直向开足马达的汽车迎上来，望着发急而又无处躲避"[①]。于是，我想起《围城》中方鸿渐的做法，便使劲地在黑板上写粉笔字，希望通过这种办法来 kill time（消磨时间）。后来，我干脆用这些多出来的时间，给学生讲文学作品，譬如《围城》。

我对《围城》的痴迷，学生们心知肚明。有一次，我猛然发现有一位同学在课堂上低头看课外书，不禁怒

---

① 钱锺书，《围城》，人民文学出版社，1991 年版。本书所引《围城》相关段落均出自该版，后不再赘述。

火中烧，猛地跑下去要收他的课外书。这位同学慢悠悠地举起手中的书，说：

"老师，我看的是《围城》。"

"哦，原来在看《围城》啊，那行，你继续吧！"

1998 年 12 月的一天，一位同学冲进教室，急不可耐地告诉我：

"老师，你的钱锺书昨天死了！"

什么？这真是个晴天霹雳！我确证了这个消息后，整个人怅然若失，感慨中，我将接下来的一堂英语课改成了"纪念钱锺书先生专题课"，与学生一起回顾钱先生的事迹，以及他那本广受传阅的《围城》。

一部被不断再版的文学名著

　　《围城》这部小说，是钱锺书先生早年的作品。1946 年，待钱锺书先生"锱铢积累"般写了两年后，这部作品最初在《文艺复兴》杂志上连载。1947 年 5 月，上海晨光出版公司印行了单行本的《围城》，并由丁聪先生为之设计封面画。这幅画很传神，男女主角貌合神离，在婚姻的"围城"里苦苦挣扎。（见右图）

晨光初版的《围城》封面

　　根据《中国出版史研究》中的记载，1948 年 9 月，上海晨光出版公司再版了《围城》，到 1949 年 3 月又出了第三版。再版的封面画改成了英国印象派画家沃尔特·理查德·西克特的油画作品《烦恼》。

1980 年 10 月，人民文学出版社印行新版《围城》，大受欢迎，于 1981 年 9 月、1983 年 8 月、1985 年 8 月连印三次。最后一次印刷的版本，被视作《围城》的定本，后来再印刷时，就不再做修改了。

1980 年版的《围城》封面

大家肯定很好奇：《围城》为什么销声匿迹了几十年？

事实上，《围城》从最初出版起，就是一部备受争议的作品。小说在《文艺复兴》杂志上连载不久，就收获了一大批粉丝。比如仅看了前三章的邹琪就在《小说世界》1946 年第 3 期《佳作推荐》栏目里对《围城》给予了高度的评价："读《围城》，仿佛读狄更司同时代的萨克莱；拿中国小说来比，第六期的那一部分很像《儒林外史》。即使前面的没有看，你还是爱看这一部分。"① 郑朝宗先生也撰写了一篇文章，专门比较《围城》与《汤姆·琼斯》的不同之处，并提出了"学人小说"的读法以拓展接受者的视野。不过，也有人持不同观点。比如王元化（笔名方典）先生就说这篇小说里"看不到人生，看到的只是像万牲园里野兽般的那种盲目骚动着的低级的欲望"①，王仁权（笔名无咎）干脆否定了小说的立意与人物的价值。后来随着社会形势发生根本的变化，《围城》中的价值观和艺术手法不再被人们重视，于是，大家对《围城》的兴趣，也逐渐消退。

　　1961 年，耶鲁大学出版社出版了夏志清先生的英文代表作 *A History of Modern Chinese Fiction*（《中国现

---

① 陈思广，《中国现代长篇小说史话》，武汉出版社，2014 年版。引文中的"狄更司"现一般译为"狄更斯"，"萨克莱"现一般译为"萨克雷"。

代小说史》)。在这部学术著作里，夏志清认为"《围城》是中国近代文学中最有趣和最用心营造的小说，可能亦是最伟大的一部"[1]。由于夏志清先生在华语文学界影响广泛，他的这一论断迅速引起了海内外对《围城》的重新关注。1980 年 10 月，人民文学出版社印行了新版《围城》，并掀起了一股新的《围城》热。不光阅读《围城》的人越来越多，研究《围城》的人也越来越多，并且逐渐从对《围城》的热情转向了对钱锺书本人的好奇，纷纷开始仿效钱锺书先生的风格去读书、说话与做事。譬如我们熟悉的小说《三重门》，其中的幽默与讽刺风格，就是效仿钱锺书的《围城》的。作者后来好像也承认，这些都是从钱锺书先生那里借来的，是要"还回去"的。

1990 年，电视连续剧《围城》一经播出便轰动全国。1991 年，这部电视剧获得了第十一届中国电视剧飞天奖长篇电视剧二等奖。如果你读了《围城》再看电视剧，就会发现这部电视剧的确出众；如果你先看了电视剧，相信你也一定会有阅读小说《围城》的冲动。

---

[1] 夏志清，《中国现代小说史》，浙江人民出版社，2016 年版。

《围城》在国外也形成了一定的影响，出现了英语、俄语、法语、日语、德语、西班牙语、韩语、越南语和荷兰语等十余种外文译本。书名的翻译也是五花八门，比如陆阳在《〈围城〉版本述略》中便提及日本译者因为找不出"围城"在日语中的对应译法，就根据作品内容把书名译作了"结婚狂诗曲"，令人大跌眼镜。

钱锺书——非一般的作者

必须指出，许多人之所以喜欢《围城》，是因为这本书的作者——钱锺书先生，他是非一般的存在。

关于钱锺书先生，至少有以下几点值得我们称道。

一是他的才气。钱锺书出生于 1910 年，他的父亲钱基博也是一位国学大师，因此他家学渊源、古文根底深厚。据说钱穆先生的著作《国学概论》的序言，就是钱锺书替他父亲捉刀代写的。钱锺书中学毕业后，考入清华大学。在那里，他才华横溢，自认为没人能教得了他。他的老师吴宓先生就曾说过："当今文史方面的杰出人才，在老一辈中要推陈寅恪先生，在年轻一辈人中要推钱锺书，他们是人中之龙，其余如你我，不过尔尔！"①

　　二是他的读书习惯。钱锺书好读书，按照他夫人杨绛先生的说法，他"食肠很大，不择精粗，甜咸杂进。极俗的书他也能看得哈哈大笑。戏曲里的插科打诨，他不仅且看且笑，还一再搬演，笑得打跌。精微深奥的哲学、美学、文艺理论等大部著作，他像小儿吃零食那样吃了又吃，厚厚的书一本本渐次吃完，诗歌更是他喜好的读物。重得拿不动的大字典、辞典、百科全书等，他不仅挨着字母逐条细读，见了新版本，还不嫌其烦地把新条目增补在旧书上"②。这样的读书习惯，加上他"照相机般的记忆力"②，造就了他渊博的学识。

　　三是他与世无争的独立人格。钱锺书先生一生之中痴迷学问，不管人间纷争，尤其不问时政，因此有人说他"逍遥"，而杨绛先生则说他"痴"。

　　　我认为《管锥编》《谈艺录》的作者是个好学深思的锺书，《槐聚诗存》的作者是个"忧世伤生"的锺书，《围城》的作者呢，就是个"痴气"旺盛的锺书。

① 汤晏，《一代才子钱锺书》，上海人民出版社，2005年版。
② 杨绛，《记钱锺书与〈围城〉》，湖南人民出版社，1986年版。

这段文字选自杨绛撰写的《记钱锺书与〈围城〉》。我觉得要理解《围城》这本书，杨绛的这篇文章是必须要读的，就像她在文中说的："《围城》里写的全是捏造，我所记的却全是事实。"里面的许多叙述，重现了当年钱锺书先生写作《围城》的场景，非常有趣。

当然，如果同学们想要更多地了解钱锺书先生，不妨读读他的传记，如汤晏的《一代才子钱锺书》，或者读读他本人写作的其他作品，如《写在人生边上》《人·兽·鬼》等。

"伟大"的作品，为什么故事情节这么平淡无奇

前几天，有一位朋友听我大肆吹捧《围城》之后，忍不住问我：

"这本小说到底讲了什么呀？"

于是，我整理好心情，组织好语言，从方鸿渐坐白拉日隆子爵号邮轮回国，讲到他在上海与一干文人喝酒斗嘴，然后一行人排除艰难去三闾大学教书，再讲到他和孙柔嘉糊里糊涂结了婚，回到上海后又很不如意，乃至天天吵架。我的朋友耐心听我讲完，说了一句：

"可我还是没有去读这本书的冲动。"

这的确是个问题。其实，这本小说的脉络并不复杂，方鸿渐的经历，可以简简单单地用一张思维导图来

表示：

《围城》中方鸿渐的主要经历

这张由杨志明、徐柳老师归纳的方鸿渐经历图，对《围城》的故事做了简明的概括。但是，想要把《围城》的故事惟妙惟肖地讲述出来，还真是不容易。于是我翻看了名家的文笔，先是唐弢先生主编的《中国现代文学史简编》中对《围城》的概述：

> 小说以留法回国的青年方鸿渐为中心，描绘在战火弥漫的中国，一群远离烽烟的知识分子在恋爱上，在工作上，在日常生活上，钩心斗角，尔虞我诈。作者以讽刺的笔调、双关的语言，揭示了他们内心的贫乏、空虚与卑微。小说把结婚——实际上也是社会的或一方面比喻为"被围的城堡"："城外的人想冲进去，城内的人想逃出来。"扰扰嚷嚷，吵个不停，世界由此获得热闹。作者的讽刺是辛辣的、犀利的。他还擅长心理描写，细致周详，入情

入理，完全符合人物的性格特点。不仅方鸿渐、赵辛楣、苏文纨等主要人物如此，便是落墨不多、寥寥几笔的唐晓芙、汪太太、范小姐等，也莫不一言一动，如见肺腑，她们的精神状态全部被勾画了出来。由于描写的是知识分子，作家用其所长，在对话中引喻广博，才情横溢，妙语如珠，令人解颐。但有时这方面的材料过多，使一般读者不易了解，影响了作品的普及。小说的时代气氛也稍嫌薄弱[1]。

这样的概述显然没有质感，议论多于叙事，读完之后，相信大家对《围城》仍是不甚了解。顺便一提，唐弢先生说的"小说的时代气氛也稍嫌薄弱"，恐怕是指小说并没有反映当时抗战期间民众的生活与意志，或者说，没有正面书写这场伟大的战争。关于这点，北京大学的吴晓东教授认为，《围城》与英国作家简·奥斯汀的小说一样，"战争并没有缺席，而是'无所不在'"[2]。

再看夏志清先生写作的《围城》故事梗概：

---

[1] 唐弢，《中国现代文学史简编》，人民文学出版社，1984 年版。
[2] 吴晓东，《"既遥远又无处不在"——〈围城〉中作为讽喻的"战争"话语》，《中国现代文学研究丛刊》，2019 年第 7 期。

［澳］格雷戈里《格雷戈里的中国摄影集》（1920—1930）中的作品
照片主体建筑为今上海市南京西路国际饭店

方鸿渐在欧洲闲混了几年，带着一份子虚乌有的美国某大学的假文凭回到中国，他是一个善良和聪明的人，但正如他后来自己领悟到，亦是一个毫无勇气的懦夫。他明白自己和别人的关系，但他不能在坏处境中脱身，一来太懒，二来害怕因此伤害别人。还在念大学时，他在父亲遯翁的坚持下和一个同乡（在小说中没有交代，但无疑是指作者的出生地江苏无锡）女子订下了婚约。虽然他对那女子缺乏认识，但对婚约略示反对后即表同意。幸而那少女不久就死去，而她父亲为了纪念独生爱女，就将准备作为嫁妆的款项供他出洋深造。方鸿渐无意去争取学位，但觉得需要买个假头衔来满足父亲及已故未婚妻的父亲的期望。尽管为迎合他人做了自觉耻辱的事，他实在也是书中好多骗子中的一员。他怯懦的性质一直贯注全书。

　　鸿渐在回程中抵受不住庸俗的华侨鲍小姐的肉体诱惑，但到岸后眼见她扑向未婚夫怀里不管不顾而去，不禁大起反感。拥有法国大学文学博士学位的女学者苏文纨小姐亦致力讨好他，令他极难逃避她的好意。

在故乡住了一个短时期，鸿渐移居上海已故未婚妻的家中，并在丈人的银行工作。不久抗日战争爆发，他父亲和兄弟亦迁来上海。鸿渐和苏小姐恢复了交往，而由她介绍认识了她的表妹唐晓芙，一个很甜美纯真的少女。他虽然暗中在追求后者，却一直鼓不起勇气和苏小姐分手，而苏小姐日夕期待着他向自己求婚。待他最后摊牌时已太迟，盛怒的苏小姐恶意对表妹说鸿渐是个骗子和恶棍。他去看晓芙时她还为这消息生气，他默默听着她的责骂和讥讽，没有辩白。她在他离去后立即设法补救过失，但被一连串的巧合误会所拨弄。二人都伤了心，晓芙更病了一场，后来去香港，转重庆。[①]

夏志清先生的故事梗概很长，我在这里只选了前面的三节。显然，这样的梗概比唐弢先生的要好读多了，但它是否能引起你阅读《围城》整本书的冲动呢？如果还是没有，那么，你能不能自力更生写一个《围城》的故事梗概，用最精妙的语言，让你的朋友对《围城》充

---

① 夏志清，《中国现代小说史》，浙江人民出版社，2016 年版。

满好奇，直至忍不住马上阅读？

【任务A】

写一个《围城》的故事梗概，用最精妙的语言，让你的朋友对《围城》充满好奇，乃至忍不住马上阅读。

其实，早就有人发现，《围城》这部小说，情节性不强，结构上没有创新。

比如温儒敏先生就认为："《围城》的情节既不浪漫，也没有什么惊险刺激的场面，甚至可以说有点琐碎，并不像同时代其他长篇小说那样吸引人。这部小说的真正魅力似乎主要不在阅读过程，而在读完整本之后才产生。"① 周锦先生也认为："（《围城》）可读性高，是由于成功的讽刺笔法、细致的事物描写、深入的人物刻画，能够引人入胜的就是这些。因此，它的故事、它的情节，以及它的主题意识，读者并不关心，甚至根本不注意。"② 另外，厦门大学的谢泳教授则批评了《围城》

① 温儒敏，《〈围城〉的三层表蕴》，《中国现代文学研究丛刊》，1989年第1期。
② 周锦，《〈围城〉面面观》，河北教育出版社，2002年版。

的结构，说"这部小说在结构上没有什么创造性，整部小说中，只有方鸿渐一个人物是贯穿始终的，多数人物是在狭窄的活动空间中完成了他们的任务后就退出了小说，小说人物之间不具备复杂性和多种多样的交叉关系"①。

当然，也有人认为这部小说的结构还是很巧妙的。比如，茅国权先生在《围城》英译本的序言中写道，从总体上看，《围城》明显可分为四个部分，在这四个部分，"方鸿渐不断恶化的命运模式还是清晰可见的。第一部分是春天的轻浮，第二部分是夏天滑稽的快乐，第三部分是秋天的忧郁和严肃，第四部分是寒冬中最糟糕的日子"②。不过，这种结构上的划分，多少显得有些古板、匆促。

回头看夏志清先生说的，《围城》可能是中国近代文学史中"最伟大的"小说。那么，它的"伟大"到底体现在哪里呢？它的"真正魅力"是什么呢？

---

① 谢泳，《钱锺书交游考》，九州出版社，2019 年版。
② 陆文虎，《"围城"内外——钱锺书的文学世界》，解放军文艺出版社，1992 年版。

《围城》想要揭示怎样的真相

杨绛先生曾这样描绘过《围城》的精神实质：

> 围在城里的人想逃出来，城外的人想冲进去，对婚姻也罢，职业也罢，人生的愿望大都如此。①

这句话被认为是理解这部小说的金钥匙。其实，书中也提到了"围城"两字的典故。"哲学家"褚慎明在谈到爱情时，引用了一句英国的古话，"结婚仿佛金漆的鸟笼，笼子外面的鸟想住进去，笼内的鸟想飞出来；所以结而离，离而结，没有了局"；而苏文纨小姐表示法国也有这么一句话，"不过，不说是鸟笼，说是被围困的城堡（fortresse assiégée），城外的

---

① 《杨绛传》，华中科技大学出版社，2019 年版。

人想冲进去，城里的人想逃出来"。他们几位在饭桌上感慨的是结婚这档事，但我们发现，故事中每个人的命运都无不印证着这句话。即便掩卷而思，我们仍能发现，现实中的许多人其实也是笼子里外的鸟或城堡内外的人。这或许就是现代人的一种生存状态。也正因如此，《围城》被视作一部反映"存在主义思想"的作品。

比如，就爱情而言，苏文纨暗恋着方鸿渐，而方鸿渐却喜欢上了唐晓芙；一旁的赵辛楣苦恋苏小姐不成，最后眼睁睁地看着心中的美人嫁给了猥琐文人曹元朗，而曹元朗事实上又不是苏小姐心仪的对象。失去爱情的方鸿渐，阴差阳错地与孙柔嘉走到了一起。他俩谈不上有感情的基础，只有现实的匹配度，于是，婚后的生活鸡犬不宁，从而印证了那句"婚姻是爱情的坟墓"——何况他们并没有什么深刻的爱情。

再如，就职业而言，赵辛楣、方鸿渐等人满怀希望地奔向三闾大学，以为在那里可以开启自己的职业生涯，不料见到的却是同事间的钩心斗角、尔虞我诈。于是，他们各奔东西。方鸿渐和孙柔嘉回到了上海，岂料周围的环境（包括家人）对他们并不友好，而他们各自性格中的自卑、自恋、自欺欺人，也促使他们不断激化彼此间的矛盾。生活仿佛是一个万花筒，但绝对没有你想象中的那般美好。

这令我们想起米兰·昆德拉在他的小说《生活在别处》中的一句话：

> 当生活在别处时，那是梦，是艺术，是诗，而当别处一旦变为此处，崇高感随即便变为生活的另一面：残酷。①

当然，如果只是从"冲进去""逃出来"的维度去审视《围城》中的人和事，小说便会显得单薄而简单，无法体会其中的深度与厚度。

温儒敏先生认为，《围城》这部小说其实包含了三种意蕴。第一种是反映中国城乡世态世相；第二种是对文化的反省，"作者的着眼点在于对传统文化的批判"，并且"通过对一批留学生或'高级'知识分子形象的

---

① ［法］米兰·昆德拉，《生活在别处》，袁筱一译，上海译文出版社，2004 年版。

塑造去实现这种反省与批判"；第三种则是哲理思考上的意蕴，"这部小说已经蕴含着类似西方现代主义文学中普遍出现的那种人生感受或宇宙意识"[1]。这最后一句话，其实是指现代人在社会中的孤独与无助，即所谓的"众里身单"。

从这个意义上看，我们几乎可以说，《围城》是一部彻头彻尾的悲剧。可是奇怪得很，阅读这样的悲剧，竟让我们一路哈哈大笑——因为钱锺书在这本书中所运用的表达技巧和幽默风格，无不让我们拍手叫绝。但我们也意识到，阅读过程越是轻松愉悦，故事的主题便越发显得沉重苦闷。到了小说的最后两章，即便是幽默的语调、俏皮的比喻，也都荡然不见了——当生活只剩下欺骗与伤害、抱怨与争吵、孤独与冷漠时，你还能笑得出来吗？正如茅国权先生在《围城》英译本的导言中讲的："除了欢乐之外，钱锺书还想让我们看到，愚蠢、邪恶和蒙昧的人到处都有；而我们一旦看到这些，笑声

---

[1] 温儒敏，《〈围城〉的三层表蕴》，《中国现代文学研究丛刊》，1989 年第 1 期。

也就中止了。"①

　　因此，如果要给《围城》涂一种颜色，你会怎么涂呢？

【任务 B】

如果要给《围城》涂一种颜色，你会怎么涂呢？

① 陆文虎，《"围城"内外——钱锺书的文学世界》，解放军文艺出版社，1992 年版。

《围城》中的"某一类人"

在《围城》的序言中，钱锺书先生说：

> 在这本书里，我想写现代中国的某一部分社
> 会、某一类人物。写这类人，我没忘记他们是人
> 类，只是人类，具有无毛两足动物的基本根性。

那么，他在书中写的到底是哪一类人呢？

《围城》中的人物众多，但人物的关系并不复杂。由
于核心人物是方鸿渐，我们只要依据他与旁人的关系，
就可以绘制出一张简单的人物图谱。当然，这些人物之
间的关系，并没有下图中的那么简单（如赵辛楣与方鸿
渐最初是"情敌"，后来是同事，最后是朋友）；另外有
些人物（如"张 Jimmy"）则并没有在图谱之中。

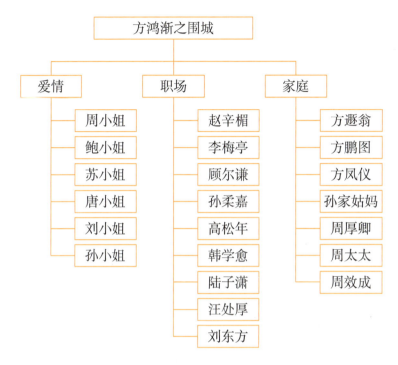

方鸿渐的社会关系图谱（杨志明、徐柳绘制）

　　但是，这些人物到底有什么特点呢？他们对小说的主题产生了什么样的影响呢？这才是我们更加需要关注的。

　　如果简单地给这些人物归类，我们可以说，他们中的大部分是"文化人"（即所谓的"知识分子"），另外一部分则是"没有文化的人"。书中花大笔墨描写的，是前者，并借此讽刺知识界的各种荒诞，同时对中西文化进行深刻反思；而后者，也同样不可缺少，因为他们作为世俗社会的主要力量，构成了前者的土壤和基础，并反过来验证了小说所要体现出来的生活真理。

如果分得再细一点，也许还可以分出以下几种人群，当然，这些人群是互有重叠的：

一是"长者"，比如方遯翁夫妇、周厚卿夫妇、苏鸿业夫妇、孙柔嘉父母、李梅亭、顾尔谦、高松年、汪处厚等。他们似乎代表着中国的传统人物，有丰富的生活经验，但又冥顽不化，或者自以为是，所以常常与年轻的一代如方鸿渐等人格格不入。

二是"洋派"，包括以孙柔嘉姑父母陆先生夫妇、张吉民夫妇、陈士屏、丁讷生为代表的"老洋派"和以苏文纨、赵辛楣、方鸿渐、孙柔嘉、褚慎明、陆子潇为代表的"新洋派"。"洋派"的特点，当然是喝了"洋墨水"，对世界有更广阔的了解，可是在《围城》中，这些留洋的知识分子一不小心就变成了"洋泾浜"，不中不西，反沦为笑柄。而且他们中许多人虽出过洋，可骨子里还是传统守旧的"老古董"。

三是"女人家"，包括大家熟知的苏文纨、唐晓芙、孙柔嘉等一系列女性，也包括连名字都没有的鲍小姐、汪太太等（汪太太其实是有名的，汪处厚曾叫她"娴"，但一般的读者很容易忽略）。这些女性大多接受过新式教育，具有独立意识，但在追求婚姻自由的同时，又被禁锢于家庭，所以说是不彻底的"新女性"。

四是"边缘人"，包括孙太太、阿刘、鹏图、凤仪、李妈，甚至包括去三闾大学路上出场的车夫、店家等。这些人虽然处在社会边缘，属于"影子人物"，但钱锺书先生犀利的笔仍没有放过他们，通过他们刻画了国人的种种劣根性。

当然，我相信应该还有其他的分类法，而且有趣得很，不同的人物分类，意味着不同的阅读视角，也意味着不同的思想结论。那么，聪明的你，不妨拿起笔，把《围城》中的人物按照你的标准进行分类，并告诉我们为什么选择这样的分类方法。

【任务 C】

把《围城》中的人物按照你的标准进行分类，并告诉我们为什么选择这样的分类方法。

如果能从"某一类人"走到"某一个人"，那么，我们将迎来更为丰富的个性；而把这些人物放在一起，则中国社会的全息缩影，也将清晰地呈现在我们的眼前。

相信读了《围城》之后，大家会对书中几乎每个人物都印象深刻。其中，方鸿渐显然是最主要的人物，而孙柔嘉、苏文纨、唐晓芙、赵辛楣等几位对他影响至深的人物，恐怕也是作为读者的你忍不住议论的对象。

先说方鸿渐。他是个海归，喜欢观察、思考，也喜欢发牢骚，并且多少有些学问。但他毫无自信，并为自己曾经的行骗行为（那张假文凭）羞愧不已。同时他优柔寡断，因此处理不好情感上的事。他明明不喜欢苏文纨小姐，却总是犹犹豫豫地不敢拒绝，最后阴差阳错失去了真心喜欢的唐小姐；他对孙柔嘉小姐谈不上爱，但一步一步地，竟然和她走到了一起，并且结了婚。他的家庭、他的朋友似乎离他越来越远，以至他的精神逐渐收缩，直到一无所有，"一切崇高的终极性价值都与他无缘"[①]。

---

① 胡河清，《真精神与旧途径——钱锺书的人文思想》，河北教育出版社，1995年版。

赵辛楣曾对方鸿渐说:"你不讨厌,可是全无用处。"你是怎么理解这句话的?

　　再说孙柔嘉。孙柔嘉是"中国文化的典型产品"。她一开始胆小怕事,表现得很弱势,比如她想摆脱陆子潇,就求救于方鸿渐:"我什么事都不懂,也没有一个人可以商量,只怕做错了事。我太不知道怎样做人,做人麻烦死了! 方先生,你肯教教我吗? "明摆着在示弱,甚至装傻。可是一旦与方鸿渐确定了恋爱关系,她就是另一种表现。"订婚一个月,鸿渐仿佛有了个女主人,虽然自己没给她训练得驯服,却对她训练的技巧甚为佩服。"再往后,她更是暴露出专横、好猜忌的特性——夏志清先生说这是"中国妇女为应付一辈子陷身家庭纠纷与苦难所培养出来的特性"①。许多人认为孙柔嘉是个有心机的人,为了得到方鸿渐动用了不少策略,"织网设陷,诱敌深入"②,比如不断暗示方鸿渐有人在说他俩的"闲话",甚至编造谎言,说有人写信给她父

① 夏志清,《中国现代小说史》,浙江人民出版社,2016 年版。
② 郭慧,《解读〈围城〉方鸿渐形象——方鸿渐和他的红粉佳人》,《文化创新比较研究》,2019 年第 11 期。

亲，造谣他们之间的关系，父亲已经来信质询。方鸿渐被内外夹攻，义勇之下，终于与孙柔嘉恋爱，可直到订婚仍觉得和她"还是陌生得很"。

可是问题来了：孙柔嘉为什么要挖空心思与方鸿渐结婚？她这样做到底出于什么目的？

值得一提的是，有人发现，如果将孙柔嘉的名字倒着读，其实是——假柔顺。

书中另一位值得注意的女性是苏文纨。她也是个海归，是一位才女，真正的留洋博士，还编过书。但在小说中，苏小姐的才气和学问并没有很好地体现。她整日忙碌的，似乎是与几位男人周旋。她喜欢上了方鸿渐，但同时又让赵辛楣在一旁争风吃醋；她嫁给了曹元朗，一位能写出"圆满肥白的孕妇肚子颤巍巍贴在天上"诗句的无聊诗人，却又不希望其他男人因此出局，"潜意识底，也许要赵辛楣从此不娶，耐心等曹元朗死了候补"。她后来甚至干起了走私的勾当。这或许是作者为了"糟蹋"她，故意增加的内容。

方鸿渐的父亲方遯翁曾说："嫁女必须胜吾家，娶妇必须不若吾家。"但是纵观苏文纨的恋爱史，似乎并非如此。从这里，你能得出什么样的结论？

　　苏文纨有个表妹，叫唐晓芙。在《围城》中，唐晓芙出现的频率并不高，却是小说中唯一"正常"的人。钱锺书没有在她身上施以讽刺、挖苦、夸张、戏谑等描写手法，恰恰相反，把她描述得阳光灿烂，而方鸿渐对她的爱，也是书中最纯真、最浪漫的一段。杨绛先生说："唐晓芙显然是作者偏爱的人物，不愿意把她嫁给方鸿渐。其实，作者如果让他们成为眷属，由眷属再吵架闹翻，那么，结婚如身陷围城的意义就阐发得更透彻了。"① 换了是你，你希望方鸿渐和唐晓芙结为夫妻吗？如果他俩结婚，你能想象他们婚后生活的样子吗？

　　最后一个需要点评的人物是赵辛楣。赵辛楣是留美博士，喜欢苏文纨小姐。他最初以为方鸿渐是他的"情敌"，后来发现方鸿渐另有所恋，就转而成了方鸿渐的朋友。两人在去三闾大学的路上，友谊日渐加深。后来赵辛楣从三闾大学连夜出走，但仍与方鸿渐联系，并在生活和职业上帮衬着对方。在《围城》中，赵辛楣是一个重要人物，他天性善良、重情重义，许多时候甚至影响

① 杨绛，《记钱锺书与〈围城〉》，湖南人民出版社，1986 年版。

着方鸿渐的生活轨迹。但奇怪的是，孙柔嘉却并不喜欢她的"赵叔叔"，甚至她与丈夫方鸿渐的矛盾，许多时候也因赵辛楣而起。那么，孙柔嘉对赵辛楣到底有什么成见？为什么要三番五次地阻止方鸿渐与赵辛楣交往？

【任务 D】

关于《围城》中的人物，请你思考以下几点：

1. 赵辛楣曾对方鸿渐说："你不讨厌，可是全无用处。"你是怎么理解这句话的？

2. 孙柔嘉为什么要挖空心思与方鸿渐结婚？她这样做到底出于什么目的？

3. 方鸿渐的父亲方遯翁曾说："嫁女必须胜吾家，娶妇必须不若吾家。"但是纵观苏文纨的恋爱史，似乎并非如此。从这里，你能得出什么样的结论？

4. 你希望方鸿渐和唐晓芙结为夫妻吗？你能想象他俩婚后生活的样子吗？

5. 孙柔嘉对赵辛楣到底有什么成见？为什么要三番五次地阻止方鸿渐与赵辛楣交往？

总之,《围城》中几乎每个人物都有说不完的故事。同学们如果有兴趣,可以选择其中某个人物,认真研究他 / 她出现的场景,仔细揣摩与他 / 她有关的对话、动作等描写,相信你一定能得出令人惊讶的结论!

《围城》中那些奇特的语言招数

　　前面说过，《围城》这部小说情节性不强，缺少像戏剧中那样的冲突，结构上也谈不上有什么创新，但这并不影响整本书的可读性。事实上，一部小说未必非得靠情节取胜，何况我们理解的情节，可能更多的是《故事会》里面的那种叙事方式。米兰·昆德拉说过，小说家有三种基本的可能："讲述一个故事；描写一个故事；思考一个故事。"[①] 可见，我们想要的情节，只是小说家的第一种境界。钱锺书先生的《围城》，应该是"描写"一个故事，并且要让我们读者一起参与"思考"这个故事。所以这本书的最大特色并非传统意义上的情节，而

---

① ［法］米兰·昆德拉，《小说的艺术》，孟湄译，生活·读书·新知三联书店，1992年版。

是语言，以及语言背后的思想。

那么，《围城》中运用了哪些语言艺术，让我们对这部作品刮目相看、欲罢不能呢？

一、描写：让书中几乎没有"好人"

我们单说人物的描写。《围城》中的人物，大多是所谓的"知识分子"。不幸的是，在钱锺书笔下，这些"知识分子"几乎没有一个是"正常"的。作者对这些人物的描写和刻画，让我们看到了群丑丑态毕露的场面。

譬如海归才女苏文纨：

> 皮肤在东方人里，要算得白，可惜这白色不顶新鲜，带些干滞。她去掉了黑眼镜，眉清目秀，只是嘴唇嫌薄，擦了口红还不够丰厚。假使她从帆布躺椅上站起来，会见得身段瘦削，也许轮廓的线条太硬，像方头钢笔划成的。

还有骂苏小姐的皮肤是"死鱼肚那样的白"的鲍小姐：

有人叫她"真理"，因为据说"真理是赤裸裸的"。鲍小姐并未一丝不挂，所以他们修正为"局部的真理"。

鲍小姐是方鸿渐回国时在邮轮上认识的，为人轻佻，不负责任，她让方鸿渐犯了错，为之后的爱情悲剧埋下了伏笔。

还有方鸿渐在上海碰到的留法回来的沈太太：

沈太太生得怪样，打扮得妖气。她眼睛下两个黑袋，像圆壳行军热水瓶，想是储蓄着多情的热泪，嘴唇涂的浓胭脂给唾沫带进了嘴，把黯黄崎岖的牙齿染道红痕，血淋淋的像侦探小说里谋杀案的线索，说话常有"Tiens！""O la，la！"那些法文慨叹，把自己身躯扭摆出媚态柔姿。

再看后来嫁给了方鸿渐的女大学生孙柔嘉：

孙小姐长圆脸，旧象牙色的颧颊上微有雀斑，两眼分得太开，使她常带着惊异的表情；打扮甚为素净，怕生得一句话也不敢讲，脸上滚滚不断的红晕。

孙小姐是赵辛楣同事前辈的女儿，与方鸿渐他们一道去了三闾大学教书。她在结婚前，一副清纯无知的样子，可是后来她变得好猜忌、易受伤。此时回头看这样的描写，不知道你有什么感想？

以上举了几个女性的例子，再看故事中的那些男人。有人说，《围城》是一部女性话语缺失的小说。这话有点道理，因为故事之中，着墨最多的，的确是那些男人。

方鸿渐因为常去苏文纨家做客，通过苏小姐的交际圈认识了一些学界朋友，但这些朋友的学问、人品甚至相貌，都被钱锺书挖苦得一塌糊涂。譬如有一位"哲学家"褚慎明先生，虽然"眼睛近视得利害可从来不肯配眼镜，因为怕看清楚了女人的脸"，但一见到苏小姐，顿时"大眼珠仿佛哲学家谢林的'绝对观念'，像'手枪里弹出的子药'，险得突破眼眶，迸碎眼镜"；再比如董斜川，像个前朝遗少，学问似乎不错，但对女性偏见很深，说"女人作诗，至多是第二流，鸟里面能唱的都是雄的，譬如鸡"；至于留洋归来的"诗人"曹元朗，更是"脸上一圈圈的笑痕，像投了石子的水面"。曹先生喜欢写一些引经据典的"诗",同时也会拍苏小姐的马屁,后来竟然成功地娶苏小姐为妻。不过,他在婚礼上的形象可不怎样,我们来看看赵辛楣的叙述:

> 礼堂里虽然有冷气,曹元朗穿了黑呢礼服,忙得满头是汗,我看他带的白硬领圈,给汗浸得又黄又软。我只怕他整个胖身体全化在汗里,像洋蜡烛化成一摊油。

后来杨绛说,领圈"给汗浸得又黄又软"的新郎不是别人,正是钱锺书自己!

去三闾大学的那一段旅程,在《围城》中被描写得最为妙趣横生。旅途中,各式各样的人、稀奇古怪的现象层出不穷,简直可与唐僧师徒西天取经的遭遇相比。这其中,有一位叫李梅亭的先生,他好色、贪财、小气,"戴副墨晶眼镜,神情傲兀,不大理会人",但热衷于听别人对自己的吹捧和夸赞。可是到了三闾大学,看似春风得意、志得意满的他却成了高松年利弊权衡下的牺牲品,被汪处厚抢先做了中文系的主任。在三闾大学,我们看到了更多"知识分子"的嘴脸,譬如校长高松年:

三闾大学校长高松年是位老科学家。这"老"字的位置非常为难，可以形容科学，也可以形容科学家。不幸的是，科学家跟科学大不相同，科学家像酒，愈老愈可贵，而科学像女人，老了便不值钱。……假使一个犯校规的女学生长得非常漂亮，高校长只要她向自己求情认错，也许会不尽本于教育精神地从宽处分。这证明这位科学家还不老。

还有历史系的陆子潇：

　　陆子潇这人刻意修饰，头发又油又光，深恐为帽子埋没，与之不共戴天，深冬也光着顶。鼻子短而阔，仿佛原有笔直下来的趋势，给人迎鼻孔打了一拳，阻止前进，这鼻子后退不迭，向两旁横溢。

　　讲到这里，大家也许很好奇：难道《围城》中就没一个好人了？

　　好人是有的，书中唯一不被钱锺书像漫画一样戏谑的人物，是唐晓芙。钱锺书在唐晓芙身上，几乎没有用上一句"坏话"。我们且看方鸿渐第一次见到唐小姐时她的模样：

　　唐小姐妩媚端正的圆脸，有两个浅酒窝。天生着一般女人要花钱费时、调脂和粉来仿造的好脸色，新鲜得使人见了忘掉口渴而又觉嘴馋，仿佛好水果。她眼睛并不顶大，可是灵活温柔，反衬得许多女人的大眼睛只像政治家讲的大话，大而无当。古典学者看她说笑时露出的好牙齿，会诧异为什么古今中外诗人，都甘心变成女人头插的钗、腰束的带、身体睡的席，甚至脚下践踏的鞋袜，可是从没想到化作她的牙刷。她头发没烫，眉毛不镊，口红也没有擦，似乎安心遵守天生的限止，不要弥补造化的缺陷。总而言之，唐小姐是摩登文明社会里的那桩罕物——一个真正的女孩子。

　　这样的优美形象，出现在《围城》的群丑图中，真是一个奇迹。难怪方鸿渐从此像失了魂一样地喜欢上了唐小姐。他与唐小姐的爱情，是书中最纯粹、最真诚、最不具功利的情感。可惜的是，他俩最终没有走到一起。也许他俩的爱情太甜蜜，与《围城》的风格不合，所以作者让她提前"消失"了。

二、讽刺：带着思想去变形

之所以《围城》中的人物都被描写得"不成人样"，是因为这部小说是彻头彻尾的讽刺小说。作者钱锺书先生是一位高明的讽刺家，他的讽刺水平是无与伦比的。"讽刺家的职务，就是透过高度的智慧和素养去把这些众生相刻画出来。"[1] 请注意，夏志清先生说的"众生相"，其实就是钱锺书先生说的"某一部分社会、某一类人物"。有了讽刺的心，书中的幽默、夸张、比喻就显得自然而然，而书中的人物，除了"相貌奇特"，行为和言语也便跟着走了样、变了形。

譬如，书中有一个情节是三闾大学的一群教授聚在一起，感慨民生多艰，痛恨战争残酷。这本来是极正常之事，但钱锺书偏要将他们的感慨，写得极不正常——

> 这次兵灾当然使许多有钱、有房子的人流落做穷光蛋，同时也让不知多少穷光蛋有机会追溯自己为过去的富翁。日本人烧了许多空中楼阁的房子，占领了许多乌托邦的产业，破坏了许多单相思的姻

---

[1] 夏志清，《中国现代小说史》，浙江人民出版社，2016 年版。

缘。譬如陆子潇就常常流露出来，战前有两三个女人抢着嫁他，"现在当然谈不到了"！李梅亭在上海闸北，忽然补筑一所洋房，如今呢？可惜得很！该死的日本人放火烧了，损失简直没法估计。方鸿渐也把沦陷的故乡里的那所老宅放大了好几倍，妙在房子扩充却并不会侵略邻舍的地。赵辛楣住在租界里，不能变房子的戏法，自信一表人才，不必惆怅从前有多少女人看中他，只说假如战争不发生，交涉使公署不撤退，他的官还可以做下去——不，做上去。

作者为什么要这样写？恐怕最主要的，是作者想借此揭露中国人尤其是中国知识分子人性中的鄙陋。就像有学者指出的："战争既是一面哈哈镜，也是一块试金石，凸显出和平年代或许不那么容易显现的嘴脸，更检验出人的性格和品行，从而服务于作者塑造人物、针砭人性的修辞目的。"①

再如，书中借三闾大学中文系主任汪处厚的写作风

---

① 吴晓东，《"既遥远又无处不在"——〈围城〉中作为讽喻的"战争"话语》，《中国现代文学研究丛刊》，2019 年第 7 期。

格讽刺文艺界的某些做法：

> 何况汪处厚虽然做官，骨子里却只是个文人，文人最喜欢有人死，可以有题目做哀悼的文章。棺材店和殡仪馆只做新死人的生意，文人会向一年、几年、几十年，甚至几百年的陈死人身上生发。"周年逝世纪念"和"三百年祭"，一样的好题目。死掉太太——或者死掉丈夫，因为有女作家——这题目尤其好；旁人尽管有文才，太太或丈夫只是你的，这是注册专利的题目。

不得不承认，"做哀悼的文章"是中国文人的传统癖好，文学史上优秀的"哀悼文章"的确层出不穷。但钱锺书却偏拿这种癖好开涮，以此深挖文艺创作中的虚伪和浮夸。我们想起在他那个年代，林语堂先生正大力提倡"幽默文学"（"幽默"两字便是林语堂翻译过来的），但钱锺书却从中看出了这种潮流背后的形式主义之风，所以他讽刺说："自从幽默文学提倡以来，卖笑变成了文人的职业。"[1] 应该说，钱锺书的讽刺，出奇地

---

[1] 钱锺书，《写在人生边上》，中国社会科学出版社，1990 年版。

冷峻，也出奇地深刻。

当然，我们发现，《围城》中讽刺的并不是一个人，而是一群人。譬如作者对洋派人物"张 Jimmy"的挖苦，"他说话里嵌的英文字，还比不得嘴里嵌的金牙，因为金牙不仅妆点，尚可使用，只好比牙缝里嵌的肉屑，表示饭菜吃得好，此外全无用处"，是讽刺当时知识分子中的"买办"心理，即动辄将西方的文化、西方的生活方式奉为圭臬，严重缺乏文化自信；再如方鸿渐为了一张假文凭，与爱尔兰人斗智斗勇，揭穿了后者的骗局，书中说"这事也许是中国自有外交或订商约以来唯一的胜利"，借此指桑骂槐，暗喻中国外交史上的历年屈辱。《围城》的讽刺艺术，给我们展示了一个丰富而独特的天地，让我们一边阅读一边笑，同时不断思考自己身上的劣根性。

三、比喻与拟人：出人意表，精准痛快

《围城》中运用了大量的修辞手法，而其中最多的，无疑是比喻。有人统计过，全书总计七百多处比喻，并且"对比喻的运用不仅仅是一种语言上的修辞，更大程

度上是对比喻对象的讽刺和批判"①。这意味着书中许多比喻，不仅具有形象化的特点，更具有"指桑骂槐"的讽喻功能。

譬如，刚才我们读到的作者对唐晓芙的描写中，就有一句"许多女人的大眼睛只像政治家讲的大话，大而无当"，简单而准确地揭示了"政治家"的本质。

再比如方鸿渐在国外留学回来前，被家人要求展示"博士文凭"。他因为在国外读书时，"兴趣颇广，心得全无"，并没有拿到博士学位，因此在家人的夹攻下，无奈买了一张假文凭。

> 这一张文凭，仿佛有亚当、夏娃下身那片树叶的功用，可以遮羞包丑；小小一方纸能把一个人的空疏、寡陋、愚笨都掩盖起来。自己没有文凭，好像精神上赤条条的，没有包裹。

将文凭比作亚当、夏娃下身的那片树叶，真是再恰当不过了。可见比喻一旦用到位，便能入木三分，让某

---

① 张米娜，《〈围城〉和〈儒林外史〉的讽刺艺术比较》，《芒种》，2017 年第 6 期。

些道理不言而喻。

我们再举几个《围城》中的比喻例子：

> 忠厚老实人的恶毒，像饭里的沙砾或者出骨鱼片里未净的刺，会给人一种不期待的伤痛。

> 孙小姐满以为"贵人"指的是自己，早低着头，一阵红的消息在脸上透漏，后来听见这话全不相干，这红便像暖天向玻璃上呵的气，没成晕就散了。

> 旁边一碟馒头，远看也像玷污了清白的大闺女，全是黑斑点，走近了，这些黑点飞升而消散于周遭的阴暗之中，原来是苍蝇。

> 桌面就像《儒林外史》里范进给胡屠户打了耳光的脸，刮得下斤把猪油。

> 两个人在一起，人家就要造谣言，正如两根树枝相接近，蜘蛛就要挂网。

在文章中好用比喻，应该是钱锺书的写作风格，也是他的审美追求。他曾说过："比喻正是文学语言的特点。"[1] 而且我们发现，他的比喻中，不仅"喻"的色彩浓厚，"比"的尺度也很大。"桌面"与"范进给胡屠户打了耳光的脸"，"造谣"与"蜘蛛挂网"，"女人的大眼睛"与"政治家的大话"，粗看一下，风马牛不相及，但越想越发现其中的神似！所以说，好的比喻，一定有一种"陌生"的美感。在《读〈拉奥孔〉》一文中，钱锺书就如何做比喻进行过一番论述：

　　　　比喻体现了相反相成的道理。所比的事物要有相同之处，否则彼此无法合拢；它们又要有不同之处，否则彼此无法分辨。两者全不合，不能相比；两者全不分，无须相比。……不同处愈多愈大，则相同处愈有烘托；分得愈远，则合得愈出人意表，比喻就愈新颖。

　　所以，我们在写作时，是否也可以有意识地增加一

① 钱锺书，《七缀集》，生活·读书·新知三联书店，2002 年版。下同。

些"新颖""出人意表"的比喻呢？

　　除了比喻，《围城》中也经常用到拟人手法。譬如：

> 天色渐昏，大雨欲来，车夫加劲赶路，说天要
> 变了。天仿佛听见了这句话，半空里轰隆隆一声回
> 答，像天宫的地板上滚着几十面铜鼓。

　　再如：

> 这船，倚仗人的机巧，载满人的扰攘，寄满人
> 的希望，热闹地行着，每分钟把沾污了人气的一小
> 方水面，还给那无情、无尽、无际的大海。

　　如果说拟人是将"物"拟作"人"，那么，在这一
段文字中，拟作"人"的"物"，又与真的人合而为一，
创造出了一幅新的画面。

　　再如：

> 肉上一条蛆虫从腻睡里惊醒，载蠕载袅，李梅
> 亭眼快，见了恶心，向这条蛆远远地尖了嘴做个指
> 示记号道："这要不得！" 伙计忙伸指头按着这嫩

肥软白的东西，轻轻一捺，在肉面的尘垢上划了一条乌光油润的痕迹，像新浇的柏油路。

这一段文字中所采用的比喻、拟人手法新颖，抗战期间生活艰辛的场景跃然纸上；另外，因为这样的比喻、拟人幽默可笑，方鸿渐他们一行人在去三闾大学路上的苦难，反倒不显得那么沉重了（当然，这是假象）。再如：

这辆车久历风尘，该庆古稀高寿，可是抗战时期，未便退休。机器是没有脾气癖性的，而这辆车倚老卖老，修炼成桀骜不驯、怪僻难测的性格，有时标劲像大官僚，有时别扭像小女郎，汽车夫那些粗人休想驾驭了解。它开动之际，前头咳嗽，后面泄气，于是掀身一跳，跳得乘客东倒西撞，齐声叫唤，孙小姐从座位上滑下来，鸿渐碰痛了头，辛楣差一点向后跌在那女人身上。这车声威大震，一口气走了一二十里，忽然要休息了，汽车夫强它继续前进。如是者四五次，这车觉悟今天不是逍遥散步，可以随意流连，原来真得走路，前面路还走不完呢！它生气不肯走了，汽车夫只好下车，向车头疏通了好一会儿，在路旁拾了一团烂泥，请它享用，它喝了酒似的，欹斜摇摆地缓行着。每逢它不肯走，汽车夫就破口臭骂，此刻骂得更厉害了。骂来骂去，只有一个意思：汽车夫愿意跟汽车的母亲和祖母发生肉体恋爱。骂的话虽然欠缺变化，骂的力气却愈来愈足。

大家发现没有，即便在这样的拟人手法中，钱锺书先生也不忘植入他的讽刺风格？他借破旧车辆，暗指某些人的"倚老卖老"，并且车夫与它的言语交往，某种程度上正是"粗野鄙夫"的一种生活重现。

四、心理：细节决定成败

有人说，讽刺与心理描写是《围城》这部小说的两大特色，这话是有道理的。

《围城》的写作方式是夹叙夹议，议论之中又有不少"全人视角"下的心理描述。许多时候，这些描述可谓精准到位，极好地表现了人物的性格，也极好地反映了社会的习气。

尤其写到方鸿渐处理情感问题时，这种心理描写更是细致入微、可圈可点。

方鸿渐回国，碰到的第一个女人是鲍小姐。但他与鲍小姐的交往，纯粹是逢场作戏，算不上感情投入，顶多是为了增加人生阅历。他碰到的第二个女人是苏文纨。苏小姐暗恋着他，希望他主动向自己求婚。不料方鸿渐偏偏喜欢上了苏小姐的表妹唐晓芙。苏小姐得知这一情况后，恼怒之下，告知了唐小姐方鸿渐的过往丑事，从而导致了他们爱情的夭折。失意的方鸿渐无奈答应三闾大学的聘约，前往内地教书。同行者孙柔嘉小姐又看上了他，一番交往后终于与他结婚，只是婚后生活不如意，各种矛盾接踵而来，最后导致两人吵得越来越凶，几近分手。

纵观方鸿渐的情感史，他性格中的清醒与懦弱无能、真诚与玩世不恭、机智与不谙世故等矛盾表露得一览无遗。我们且看看他与几位女性交往时是怎样的一种心理：

这时候空气里蠕动着他该说的情话，都扑凑向他嘴边要他说。他不愿意说，而又不容静默。看见苏小姐搁在沙发边上的手，便伸手拍她的手背。苏小姐把手缩回，柔声道："你去罢。明天下午早点来。"

鸿渐偷看苏小姐的脸，光洁得像月光泼上去就会滑下来，眼睛里也闪活着月亮，嘴唇上月华洗不淡的红色变为滋润的深暗。苏小姐知道他在看自己，回脸对他微笑，鸿渐要抵抗这魅力的决心，像出水的鱼，头尾在地上拍动，可是挣扎不起。他站起来道："文纨，我要走了。"

说到底，方鸿渐并不爱苏小姐，但他又抵挡不住她的情感邀约，所以每次都鼓足不了勇气拒绝对方，反而让自己越陷越深，不能自拔。在与苏小姐的关系中，他是被动的，是被"围困"的。

然而，当他遇见唐晓芙后，却一下主动了起来，说话变得机智，行动变得迅捷，哪怕短暂的分离，也让他

既感到焦虑又觉得甜蜜无比:

> 他第一次收到唐小姐的信,临睡时把信看一遍,搁在枕边,中夜一醒,就开电灯看信,看完关灯躺好,想想信里的话,忍不住又开灯再看一遍。

但是,这种倾心投入的爱,一旦受到拒绝,便注定是一件伤心的事。当唐小姐得知方鸿渐的"前科",对他质问并加以嘲讽时,方鸿渐无言以对,不做任何抵抗,只"狗抖毛似的抖擞身子,像要把周围的雨抖出去,开步走了"。此时我们不妨观察唐小姐的心理变化:

> 她忙到窗口一望,果然鸿渐背马路在斜对面人家的篱笆外站着,风里的雨线像水鞭子正侧横斜地抽他漠无反应的身体。她看得心溶化成苦水,想一分钟后他再不走,一定不顾笑话,叫用人请他回来。

感情若是双向的,表达感情的心理也应该是互相印证的。唐小姐的心理反应,证明她与方鸿渐之间是有一定的感情基础的,虽然是否算爱情仍需斟酌探讨。

后来，方鸿渐遇到了孙柔嘉，他优柔寡断的性格又一次显现：

> 沿床缝里挨到桌子前，不由自主望望孙小姐，只见睡眠把她的脸洗濯得明净滋润，一堆散发不知怎样会覆在她脸上，使她脸添了放任的媚姿，鼻尖上的发梢跟着鼻息起伏，看得代她脸痒，恨不能伸手替她掠好。灯光里她睫毛仿佛微动，鸿渐吓一跳，想也许自己眼错，又似乎她忽然呼吸短促，再一看，她睡着不动的脸像在泛红。慌忙吹灭了灯，溜回竹榻，倒惶恐了半天。

或许方鸿渐在刹那间对孙小姐动了心，但这种动心是不能长久的；又或许孙小姐是故意装给方鸿渐看的，让方鸿渐对她动心。后面的事实证明孙小姐确有这样的心思。

其实，方鸿渐仍不能将唐小姐彻底忘怀，只是将她深埋在心里罢了。但深埋的是一点火苗，禁不住旁人的煽动。因此，当赵辛楣提及在苏文纨的婚礼上见到过唐小姐时，方鸿渐心里又一阵澎湃与酸苦：

　　鸿渐嘴里机械地说着，心里仿佛黑牢里的禁锢者摸索着一根火柴，刚划亮，火柴就熄了，眼前没看清的一片又滑回黑暗里。譬如黑夜里两条船相迎擦过，一个在这条船上，瞥见对面船舱的灯光里正是自己梦寐不忘的脸，没来得及叫唤，彼此就早距离远了。这一刹那的接近，反见得暌隔的渺茫。

　　像这样的心理描述，在《围城》中比比皆是。不仅是方鸿渐，别的人也有。譬如赵辛楣那句吞吞吐吐的"你注意到么——汪太太的神情里有一点点像——像苏文纨"，证明他内心对苏小姐仍是割舍不断。心理描述也不仅仅关乎情感，譬如当方鸿渐得知韩学愈竟明目张胆地拿子虚乌有的"克莱登大学"的博士文凭招摇撞骗时，他那时的心理，只能用目瞪口呆、望尘莫及来形容：

　　撒谎骗人该像韩学愈那样才行，要有勇气坚持到底。自己太不成了，撒了谎还要讲良心，真是大傻瓜。……真到忧患穷困的时候，人穷智短，谎话都讲不好的。

五、草蛇灰线：一种"八卦"探究法

阅读《围城》，简直可以因此验证语言技巧的高明运用。除上述几点之外，书中还有诸如夸张、双关、成语活用、通感（比如"方鸿渐看唐小姐不笑的时候，脸上还依恋着笑意，像音乐停止后袅袅空中的余音"）等手法。当然，书中还有大量的细节描写，让我们可以对人、对事有更加深入的了解。譬如书中呈现了好几个饭局，如果同学们观察这些饭局，可能会有一些新奇的发现（据蒲俊秀在《论〈围城〉中的饭局描写》一文中的统计，《围城》中的饭局总共有十七场）。

另外，就创作手法而言，书中还隐藏了一个叫"草蛇灰线"的叙事技巧。

什么叫"草蛇灰线"呢？简单地说，就是若有似无的伏线和伏笔。你看到某个情节时，忽然想起原来之前一些不被注意的散漫无关的细节，都指向了这个情节。这些细节，就是"草蛇灰线"。就像魏秀仁《花月痕》中讲的："草蛇灰线，马迹蛛丝，隐于不言，细入无间。"在《围城》中，"草蛇灰线"这个技巧被运用得非常细巧，以至读者很容易忽略掉。但是如果你有意识地捕获它们，你将会更智慧地理解故事，并能更全面地把握整本书的结构和逻辑。

譬如我们都知道，赵辛楣之所以离开三闾大学，是因为他与汪太太的"情事"被抓了个现行。但是，这个事件是偶然的吗？事实上，拔出萝卜带出泥，我们发现校长高松年与汪太太也不干不净。其实，那次事件之前，已经有不少蛛丝马迹预示着这种局面的必然发生。

比如，"自从搬到这小村子里，汪太太寂寞得常跟丈夫吵"，这说明他们夫妻关系不好。汪太太出身名门，又有文化，整日待在家里，这让汪处厚十分不放心，"不甚放心单身男同事常上自己家来，嫌他们年轻"。可经常光顾的，竟然是高松年校长。李梅亭在会上说男女同事来往不宜太密，方鸿渐以为是指自己和孙柔嘉。赵辛楣却说："这倒不一定指你，我看当时高松年的脸色变了一变，这里面总有文章。"还有，李梅亭参加系里的欢迎会，没见到高松年，"晚上近九点钟"还不见回来。他干什么去了？赵辛楣被逮住那天，也是晚上九点钟，"高松年在镇上应酬回来，醉饱逍遥，忽然动念，折到汪家去"。还有，高松年到汪家，其他人站起来表示恭敬与欢迎，"只有汪太太懒洋洋扶着椅背，半起半坐"。如此种种，我们发现，汪太太与高松年的关系，虽然书中没有指明，但线索已经清清楚楚了。

同学们看到这里，一定开口大笑：你这纯粹是"八卦"逻辑。是的，你可以这样说。但在文学作品里，你不得不承认，这就是一种写作的技巧。

同样的道理，我们也可以找出佐证赵辛楣与汪太太之间关系的"草蛇灰线"，也可以找出方鸿渐最终与孙柔嘉结婚的"草蛇灰线"。这些工作，就留给同学们啦！

六、关联：在笑声中体悟生活

《围城》描写的是一群"知识分子"；它表现的是生活，是人的境遇。因此，书中的哲理性名言警句，也俯拾即是。这些句子，有些因为用到了比喻、夸张等修辞手法而让我们豁然开朗；有些是基于对生活的观察而具备了智慧的光芒；有些则具有文化的厚度，考量着我们的学识——难怪有人说，这是一部"学者小说"。

比如关于爱情与婚姻的——

假使订婚戒指是落入圈套的象征，那纽扣也是扣留不放的预兆。……她每钉一个纽扣或补一个洞，自己良心上就增一分向她求婚的责任。

男人肯买糖、衣料、化妆品，送给女人，而对于书却只肯借给她，不买了送她，女人也不要他送。这是什么道理？借了要还的，一借一还，一本书可以做两次接触的借口，而且不着痕迹。这是男女恋爱必然的初步，一借书，问题就大了。

关于人性以及社会交往的——

事实上，一个人的缺点正像猴子的尾巴，猴子蹲在地上的时候，尾巴是看不见的，直到他向树上爬，就把后部供了大众瞻仰，可是这红臀长尾巴本来就有，并非地位爬高了的新标识。

电话是偷懒人的拜访、吝啬人的通信，最不够朋友！

> 对于丑人，细看是一种残忍——除非他是坏人，你要惩罚他。

甚至有对政治、对官僚的冷嘲热讽——

> 从前的愚民政策是不许人民受教育，现代的愚民政策是只许人民受某一种教育。

> 方鸿渐笑道："政治家聚在一起，当然乌烟瘴气。"

还有些地方，虽然书中将之作为讽刺的内容，但我们读了，反觉得非常在理，或者至少反映了一种客观的存在。看看下面几段话，是不是很有道理？

> 因为在大学里，理科学生瞧不起文科学生，外国语文系学生瞧不起中国文学系学生，中国文学系学生瞧不起哲学系学生，哲学系学生瞧不起社会学系学生，社会学系学生瞧不起教育系学生，教育系学生没有谁可以给他们瞧不起了，只能瞧不起本系的先生。

学国文的人出洋"深造"，听来有些滑稽。事实上，唯有学中国文学的人非到外国留学不可。因为一切其他科目像数学、物理、哲学、心理、经济、法律等都是从外国灌输进来的，早已洋气扑鼻；只有国文是国货土产，还需要外国招牌，方可维持地位，正好像中国官吏、商人在本国剥削来的钱要换外汇，才能保持国币的原来价值。

从前先生另有参考书作枕中秘宝，所以肯用教科书；现在没有参考书，只靠这本教科书来灌输知识，宣扬文化，故万不可公诸大众，还是让学生们莫测高深，听讲写笔记罢。

他发现自己毕业了没几年，可是一做了先生，就属于前一辈，跟现在这些学生不再能心同理同。

学校也是个机关，机关当然需要科学管理，在健全的机关里，绝没有特殊人物，只有安分受支配的一个个分子。

这最后一段话，是高松年的大论。他本是随口说说的，没想到大家都称赞他说得好。于是，他就不分场合到处搬弄这一管理理论了——不过这个理论多少有些道理。

在《围城》中，还有一个有趣的情节。回国不久的方鸿渐，受本县省立中学校长的邀请，去给学生演讲"西洋文化在中国历史上之影响及其检讨"。结果他临时抱佛脚准备的讲稿，因为穿错衣服，忘了带。于是他将前一天晚上看书得来的信息拼凑着讲给大家听，说"海通几百年来，只有两件西洋东西在整个中国社会里长存不灭。一件是鸦片，一件是梅毒，都是明朝所吸收的西洋文明"，结果惹得在场的人局促不安，场面尴尬，连记录的女生都"涨红脸停笔不写，仿佛听了鸿渐最后的一句，处女的耳朵便已经当众丧失贞操"。可是我们若仔细阅读方先生的高论，一方面不得不佩服他现学现用的本事，另一方面也不得不承认他举的事实都是有根有据的。

事实上，关于这方面的知识，我们这套书的编者之一颜炼军老师在他的著作《世上谩相识》中也有专门的章节论及。在《诗歌与"人造天堂"》一文中，他指出"药物性生理幻觉、艺术幻觉和社会幻觉之间，引譬连类，逐步建立起一种有趣的互喻关系，是近代以来诗人艺术家中一个有趣的修辞现象"①。他引用了巴尔扎克、德·昆西、波德莱尔等人的言论来证明这一论调。可见一部"学者小说"，既是故事、情感和人生意义的融合，也无处不闪烁着知识、文化等方面的智慧光芒。

① 颜炼军，《世上谩相识》，人民文学出版社，2021年版。

说不尽的《围城》

不知道大家发现没有，我们之所以喜欢某一部小说，常常是因为我们能在小说中找到自己的影子？《围城》出版后，许多读者都认为自己就是方鸿渐——方鸿渐身上的优点、缺点，他言谈举止的风格，似乎就是以自己为参照写出来的。这令我们想起当年鲁迅发表《阿Q正传》后，也有不少人认为自己就是阿Q。可见优秀的作品，能让人感同身受，自觉自愿地"对号入座"。

当然也有人喜欢"八卦"，根据小说中人物的特点，在现实中找对应。比如《围城》中介绍方鸿渐时，曾有这样一段话：

他们那县里人侨居在大都市的，干三种行业的十居其九：打铁，磨豆腐，抬轿子。土产中艺术品以泥娃娃为最出名；年轻人进大学，以学土木工程为最多。铁的硬、豆腐的淡而无味、轿子的容量狭小，还加上泥土气，这算他们的民风。

于是有人惊呼：这不是无锡吗？要知道，《围城》的作者钱锺书先生就是无锡人。他们因此得出结论，说从方鸿渐身上，可以探知钱锺书留洋读书的经历，甚至钱锺书的文凭，说不定也是假的。另外，方鸿渐曾去湖南平成的三闾大学教书，而钱锺书不也在湖南安化县蓝田镇的国立师范学院（即湖南师范大学前身）教过书吗？这样看来，《围城》中的方鸿渐，十有八九就是钱锺书本人！

这样的对应法，有个专业的说法，叫"索隐"。比如有一个《红楼梦》的研究流派就叫"索隐派"，简单地说，索隐就是探索幽隐，发掘故事背后的"本事"。

索隐的做法，有点像探寻"八卦"，只不过与前面讲到的"草蛇灰线"不同，它探寻的是现实中的"八卦"。比如，有人说唐小姐的原型就是杨绛先生，但也

有不少人认为是钱锺书在清华大学的同学、著名翻译家
赵萝蕤先生。但是厦门大学的谢泳教授却说，赵萝蕤是
苏文纨的原型，理由是赵萝蕤的丈夫，著名诗人兼考古
学家陈梦家先生曾编过一本《新月诗选》，里面收集了
徐志摩等十八人的作品，这与苏小姐"在里昂研究法国
文学，做了一篇中国十八家白话诗人的论文"有点类
似。至于其他人的对应，也有很多说法，比如董斜川的
原型是青年外交官冒景璠（清末名士冒广生之子）。汤
晏曾在《一代才子钱锺书》中提及钱锺书回国时，在法
国邮轮上与冒景璠结识，两人一见如故。另外，杨绛先
生的《记钱锺书与〈围城〉》一文中，也提到了书中几
位人物的原型，大家不妨去了解一下。不过，正如钱
锺书先生在《围城》序言中说的："角色当然是虚构的，
但是有考据癖的人也当然不肯错过索隐的机会、放弃附
会的权利。"索隐、附会能让我们更多地了解作品内外
的世界，并非一无是处——只是，不要太迷信了，文学
作品与现实从来都不会是严格的对应关系。

　　除了索隐，还有些人嫌《围城》的故事意犹未尽，
想要给它写续集，或者依照《围城》的腔调和情节，去

模仿写作。比如鲁兆明写的《围城之后》以及魏人写的《围城大结局》。在《围城之后》里，方鸿渐又遇到了鲍小姐和唐晓芙，并重新开始了彼此间的感情故事，但均不了了之；到了《围城大结局》，方鸿渐终于与唐晓芙"结为连理"，可是此时又冒出来一个北大女生岳小姐，结果夫妻关系开始变得凌乱不堪。这两本续集的出版，显然侵犯了《围城》的版权，不过也由此可见《围城》的深入人心。

　　1998 年 12 月 19 日，钱锺书先生去世。当晚，国家领导人亲自给钱先生的夫人杨绛先生打电话，对钱锺书先生的逝世表示深切哀悼；时任法国总统的雅克·希拉克也发来唁函，赞扬钱锺书先生将"以他的自由创作、审慎思想和全球意识永留文化历史中"，并表示他的《围城》在法国被"广大的读者视为名著，受到他们的欢迎"。有趣的是，钱锺书先生生前不问政治，但去世后政界的领袖们却记挂着他。这是否也算是一种"围城"？

　　　那只祖传的老钟从容自在地打起响来，仿佛积蓄了半天的时间，等夜深人静，搬出来一一细数："当、当、当、当、当、当"响了六下。六点钟是五个钟头以前，那时候鸿渐走在回家的路上，蓄心要待柔嘉好，劝她别再为昨天的事弄得夫妇不欢；那时候，柔嘉在家里等鸿渐回来吃晚饭，希望他会跟姑母和好，到她厂里做事。这个时间落伍的计时机无意中包涵着对人生的讽刺和感伤，深于一切语言、一切啼笑。

这是小说《围城》中的最后一段，极具象征意义。事实上，当我们回顾一个人的一生时，我们也会惶惶然有这种老钟的落伍感。人生也罢，世界也罢，本是我们想要设计的，不料我们的设计总比不上时间的变化，以至最终成了被设计的对象。

难道不是吗？

一本书的多重可能性

——《世说新语》导读

扫描左侧二维码，试听名著微课堂，精彩内容率先掌握。

导读老师

陆蓓容　浙江杭州人，现为上海师范大学副研究员，从事中国美术史研究。业余参与文史普及工作，有著作若干。

为什么是《世说新语》

　　《世说新语》主要记载了东汉末年至东晋时期各位高士名流的言谈与逸事，是一部非常有意思的书。什么是"有意思"呢？每个人都有自己的阅读品位，大家的答案都不同。在我看来，那些让人读完以后发现种种新鲜事，忍不住想调查一番，以求取真切了解的书，就是有意思的。这种"意思"，侧重在探索。也就是说，读熟、读透这一部书，便可与各种各样的知识相遇，由此初步了解中国传统学问的方方面面，甚至一不小心坠入其中，成为一名资深的爱好者，进而遨游于古代语言、历史、文献和艺术的世界。

　　另外，让人愿意一读再读，甚至在一生的不同时段、不同心境下，反复拿起来阅读，并且不断增添新感受的书，也是有意思的。这种"意思"，侧重在咀嚼。也就是说，随着个体的成长，经历、体会的增加，我们可以穿越古与今的界线，把现实生活与书中人物的性格、命运联系起来。我们在现实中积累的经验不断增长变化，看待往昔的眼光，也会出现各种各样的微调，直到渐渐明白，古人与今人之间也相隔得并不那么遥远，"大名士"和"路人甲"，也有相近的喜怒哀乐。

《世说新语》既宜探索，也耐咀嚼，是一部自带多重可能性的书。在展开说明之前，我们首先要思考一下它为什么如此得天独厚。我的答案特别简单：历史悠久、体例独特。

我们熟悉的那种"古书"，多数是用木板刻字，涂抹墨汁，再用纸张覆压印刷，最后装订而成的。这种书籍，叫作"刻本"。它的出现，自然要以印刷术的发明为前提。其实，一项技术从发明到普及，还有一点时间差。所以要想便利地应用印刷术来刻印一些古书，恐怕得等到北宋时代。可是大家一定记得，《世说新语》作于另一个"宋代"——一般称之为"南朝宋"，或者干脆根据其帝王的姓氏，称之为"刘宋"，以与唐朝之后，

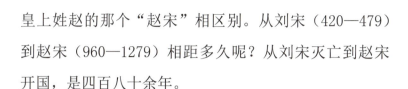

皇上姓赵的那个"赵宋"相区别。从刘宋（420—479）到赵宋（960—1279）相距多久呢？从刘宋灭亡到赵宋开国，是四百八十余年。

这近五百年，以至此前的千百年中，古代经典如何流传？大家熟悉的龟甲、兽骨、青铜器铭刻，只够录写简短的句子和文段。稍后一点，经典的载体有了竹简、帛、纸。而人们为此付出的劳动，就是抄写。不同的人，因不同的需求，抄录了各种各样的典籍。许多书都是靠着若干抄本流传后世，才有机会被刊刻出来的。

那么，什么样的书容易流传下来呢？撇开偶然性来看，自然是抄录量大的书更具优势。什么样的书抄录量大呢？这就有多种情况。有的是《论语》《老子》那样，本来就具备影响力，又曾被官方引为执政指导思想的书；也有的是作者地位够高、名气够大，容易传播的书；还有的是符合潮流风气，或者具备实用价值的书。不难想见在抄书的时代，《世说新语》就算占不到全部优势，也集多种优势于一身。

今天，我们为《世说新语》题写作者时，会将它归为南朝临川王刘义庆之作。这部书究竟是独撰，还是合撰，并无定论。不过多数学者认为，刘义庆府中的一批门客都为这部书出过力。但刘义庆身为开国皇帝宋武帝刘裕之侄，是一位既掌握兵权又爱好文艺的"贤王"，著作权归他便为此书增加了不少潜在的影响力。其实，"著作权"这种概念，是社会发展至近现代以后才诞生的。在南朝时期，称《世说新语》为刘义庆著，并不过分。到了南朝梁，又有一位文学家刘孝标为此书作注，增加了它的可读性与影响力。

南朝之前是东晋。在政治发展史上，东晋的情况较为特殊，帝王的权力相对稍小，而士族的权力相对较大。士人凭借良好的声誉可以获得官职，所以品评人物的风气很盛。东晋灭亡后，政治形态改变了，皇权又壮大了起来，可是这股风气并没有立刻衰微。《世说新语》所记的人事，大多出于东汉末年到东晋时期，南朝的人们对这段历史还很熟悉，对那些"近代名人"，也还抱有浓厚的好奇。这部书的受众基础自然深厚。

秦汉统一，南北朝分裂。分裂的时代既有民族问题，也有政权问题。兵火战乱与王朝更迭，使得许多书籍文献都没能流传下来。"闲书"失传，顶多是好奇心得不到满足；可记载重大史实的档案、史书失传，便给史学工作者出了个大难题。某种程度上，记载名士言行的《世说新语》，就成了一部特别有用的史料。而且，在史料不多的时代里，它就显得格外可贵，值得一再抄录了。

以上三点，使得抄写《世说新语》的人不会太少。经过许许多多无名的抄写者"续命"，它大体上没有失传，在易于刊刻的年代，版本迭出，成了人们喜爱的瑰宝。可是其余著作就未必如此幸运了，年代越晚，留存的早期文献越少。到了我们这个时代，要想了解东汉末年到东晋时期的各种情况，《世说新语》就成了重要的参考书之一，甚至是最重要的参考书。大到当时的人如何处理个人与国家的关系，承担匡扶社稷的责任，小到魏晋先人吃什么、用什么，怎样示爱和骂人，这部书都能告诉我们。正是因为不管哪个方面的探索都免不了要从这部书里去探寻，才让它显得那么兼容并包，值得反复琢磨。这就是"历史悠久"的威力。

可是，《世说新语》不过是一本记载名士逸事和语录的小册子，在古代不过属于"小说"之列，并没什么了不起的地位呀？

　　古代的"小说"，与今天"文学体裁"概念中的"小说"不同，它比较接近于稗官野史。遵照鲁迅先生的分类，一部分专谈鬼怪的，可称"志怪小说"；另一部分专谈人物八卦的，便称"志人小说"。今天通行的《世说新语》版本分上、中、下三卷，德行、言语、政事、文学、方正、雅量、识鉴等三十六小类。作者们按照这三十六个小类，分别编排人物的言行事略。细看这些类目，前面还十分正经，到了后面，便是任诞、简傲、排调、假谲、黜免、俭啬、汰侈这些着实没什么褒义的词。而这些类目下的内容，则不过是人们如何放浪、揶揄、虚伪、小气、摆阔，还有一些捶胸顿足、悔不当初的惨事。难道那些"痛饮酒，熟读《离骚》"的名士，也会耍酷失败，背后嚼舌，或者吵架没发挥好？是的。而且这些故事，大多是以事件发生时的对话描写与动作描写来呈现的，十分生动自然。当时和之后的人读了，会觉得特别痛快：原来前贤也不总是那么"贤"嘛！

　　记录言行的书，当然不是自《世说新语》开始。大家一定会说，《论语》就是这样的书。可孔门弟子对老师和学长都抱有仰望之心，所以《论语》专挑孔子和学生们的好话和好事来记，谈的是怎样学习知识、礼仪，如何做一名儒者。而《世说新语》就开放许多，它收录了许多意蕴复杂的故事。有一些描摹了飞扬恣意的快乐时光、惊才绝艳的妙人儿；另一些展现了残酷的实际政局，以及变幻莫测、难以窥视的命运之弦。

人一生要扮演太多的角色，在这个角色上演得不好，不代表在那个角色上也同样失败。所以在现实生活中，"好人"和"坏人"很难截然分开。复杂、多面，才是切合实际的情况。我们读《论语》，可能会充满敬仰和钦佩，但时时刻刻做个好学生，坚定地改正缺点、向夫子看齐，实在很累。读到最后，便会觉得《论语》足够可敬，但稍微有点不够可亲。

读《世说新语》，我们的感受就大不一样了。如能通读全本，你会拍案大笑：原来，淘气包、倒霉蛋、毒舌鬼，全都是古已有之的啊！

古人大概也有这种感觉。他们特别喜欢这部书的编排体例，仿照它写了一系列续书。书名相近的，唐代有王方庆《续世说新书》，宋代有孔平仲《续世说》，元代有杨瑀《山居新语》，明代有李绍文《明世说新语》，清代有王晫的《今世说》。书名不相近的更是数不胜数。这些著作常常连那三十六个分类也一块学过来。书中的故事也一样有欢乐，有悲愁。这种分门别类的体例，既符合人们对实际生活的认知，也大大满足了人们"吐槽"的需要，因而获得了长久的生命力；而后人每一次效仿《世说新语》，都是在为原书打广告、做宣传。这就是"体例独特"的妙处。

文史知识万花筒

文献

在当代社会，抄袭是不正确、不光彩的事。如果以之牟利，还涉嫌违法。于是有些"聪明"的抄袭者，就会用自己的话改写原文，取其故事梗概或核心观点，而不取其文字面貌。这种情形争议很大，常常引起纠纷。

其实，人类总是踩着前人的脚印追求知识进步的。光明正大地交代观点出处，非但不丢人，反而是写作者的基本素养。在和大家聊《世说新语》这部书之前，我也复习了前辈学者的《世说新语校笺》，又学习了学术界的最新研究成果。即便因本文体例所限，无法一一引用这些研究者的名字与论述，也要向读者说明：本文涉及的文史知识和阅读体会，并不全出于自己的心得。

可是，在写作《世说新语》的时代，情况如何呢？

古人没有抄袭这个概念。有时候，东抄一点，西抄一点，反而是他们习惯的写作方式。古人引用古书的时候，也没有严格的规范，不在乎引文是否精确、意思是否完整。所谓"纂辑"，即集录、编纂的手法，人们对此习以为常，不以为异。

《世说新语》毕竟是南朝宋人所作。刘义庆如何知道东汉、三国、两晋的事情？自然要靠前人的书籍文章。那些材料也许不够幸运，没能传到今天。"刘义庆抄了谁"这个看似有些八卦的问题，其实挺重要。从"抄作业"的蛛丝马迹里，既可以讨论作者抄书的本领如何——是傻抄，还是懂得一点改头换面的技巧？也可以分析出当时的作者能看到哪些书，那些书籍的性质和影响力如何。

问题的开端：他抄了没有？——抄了。铁证如山。

《排调》一门里，有这样一个笑话。王浑对妻子夸儿子王济好。妻子答说："如果我嫁给你的弟弟王沦，生的孩子一定比这还好。"

> 王浑与妇钟氏共坐，见武子从庭过，浑欣然谓
> 妇曰："生儿如此，足慰人意。"妇笑曰："若使新妇
> 得配参军，生儿故可不啻如此！"[1]

有一部已经失传的东晋书籍《郭子》，成书时代早
于《世说新语》。它的断简残篇，经宋代人抄录，部分
保存在《太平御览》之中。因此，我们还能知道《郭
子》里也有这个故事：

> 王淳与妇钟氏共坐，见武子从庭前过。淳谓妇
> 曰："生儿如是，足慰人意。"妇笑曰："若使新妇得
> 配参军，生儿故可不翅如此。"[2]

不啻、不翅，都是"不仅，不只"的意思。《世说
新语》抄《郭子》，简直是不客气，只差几个字。放在今
天，若被发现，语文老师会要求刘义庆重写这篇短文。
下一个问题：作者抄书水平如何？

---

[1] ［南朝宋］刘义庆，《世说新语》，上海古籍出版社，2013 年
版。本书所引《世说新语》相关段落均出自此版，后不再赘述。
[2] ［宋］李昉等撰，《太平御览》第四卷，河北教育出版社，
1994 年版。

多数情况下，原始文献已不可知，或者并非纂辑，而是出于自撰，故无法推测其水准。不过，也有一些时候，"统稿"这个工作做得不够好，露出的马脚便没来得及收回去。通读全书我们就会发现，有些事迹或言论，竟然重复出现。例如《言语》一门中，有这样两个故事：

> 孔文举有二子，大者六岁，小者五岁。昼日父眠，小者床头盗酒饮之。大儿谓曰："何以不拜？"答曰："偷，那得行礼！"

> 钟毓兄弟小时，值父昼寝，因共偷服药酒。其父时觉，且托寐以观之。毓拜而后饮，会饮而不拜。既而问毓何以拜，毓曰："酒以成礼，不敢不拜。"又问会何以不拜，会曰："偷本非礼，所以不拜。"

这两个故事的情节完全一致，都是两个孩子，趁父亲大白天睡觉的时候喝起酒来，也都在饮酒礼仪上有所争议，最后结论也一样，就是：偷酒不合于礼，所以不能按照礼仪要求来拜。两者的区别只在于故事的主人公究竟是谁家孩子，以及父亲是否参与问答。无论如何，这两个故事原初的情节梗概很可能是相同的，细节之别恐怕是流传过程中产生的差异。《世说新语》可能分别从两部书里摘出了这两则故事，但没有在意它们的面貌相似，也就没有进一步做整理工作。这是事迹相近之例。

言辞相同的情形也不难找到。《赏誉》一门中，前后相并的两条如下：

> 钟士季目王安丰："阿戎了了解人意。"谓裴公之谈，经日不竭。吏部郎阙，文帝问其人于钟会。会曰："裴楷清通，王戎简要，皆其选也。"于是用裴。

> 王濬冲、裴叔则二人总角诣钟士季。须臾去。后客问钟曰："向二童何如？"钟曰："裴楷清通，王戎简要。后二十年，此二贤当为吏部尚书，冀尔时天下无滞才。"

［明］陈洪绶《阮修沽酒图》

　　这两个文本的共同之处，是钟会对裴楷与王戎两个人的特点做出的评论；而差异之处，则是他究竟在什么时间、什么地点、什么情境下，才说出了"裴楷清通，王戎简要"。这句话完全一致，彻底重复，可两种情境大不相同。前一段将事件系于王、裴成人之后，而后一段则说那是他们小时候的事。这也同样可能是因为两种记载各有源头，出于不同的书，《世说新语》编选材料时，没有严格地整理删汰它们。如果再进一步推论，这种情况也侧面说明了此书并非成于刘义庆一人之手，而是由不同的门客各自选择与剪裁材料，最后拼为一本书的。

　　通过这样的比较，你也许会长舒一口气：原来，入选了各种阅读书目，被推为古代文学经典的著作，也并非完美无瑕，仍会有处理不善的地方。（当然，这种"不善"，是以现代人的眼光衡量的。在古代，这种情况的成因很复杂，并不是因为编者的"偷懒"。）若能将这种浅显的比较系统化、严密化，我们就有机会接近一门经典学科——文献学。这么看来，倒要感谢《世说新语》在纂辑旧文时处理得不够周详，为我们展现了另一条道路。

既知其然，更要知其所以然。尽管《世说新语》参考过的著作多已亡佚，但毕竟还有不少类似上文那样未能除尽的线头。因此我们知道，作者至少移录、引用或改写过郭颁《魏晋世语》、裴启《语林》、郭澄之《郭子》、袁宏《名士传》等书。这些书籍大抵是两晋之人所作，而从名目来看，多数是记载人物言行的。这就说明记载人物言行是那个年代很长时间内的流行风气和趣味，当时的一些事件，可能确实得依人而传。

于是，当天下平定、南北统一，开始修纂前代正史的时候，唐王朝的史官又开始抄《世说新语》了。兵火战乱之后，可资利用的文献存世不多，有一部用一部，这是最直接的原因。此外，三国两晋南北朝时期，王朝像走马灯似的轮换，一轮又一轮的斗争太过残酷，纯粹的"事件"，很可能根本没法照实写下来、传下去。倒是那些把"话"和"事"挂在"人"身上的逸闻集子，能够透露一些历史事实。且来举一个恰好与王朝更替有关的例子。

《尤悔》一门中，有这么一个故事：

> 王导、温峤俱见明帝，帝问温前世所以得天
> 下之由。温未答。顷，王曰："温峤年少未谙，臣
> 为陛下陈之。"王乃具叙宣王创业之始，诛夷名族，
> 宠树同己，及文王之末高贵乡公事。明帝闻之，覆
> 面着床曰："若如公言，祚安得长！"

晋明帝并不知道自己的祖上是怎样当上皇帝的，于是向两位大臣发问。温峤不知所措，无法回答。王导想了想，决定讲出真相：晋王朝建立之前，司马懿党同伐异，屠戮了许多权势之家，又发动兵变，掌控了魏王朝的兵权。其子司马昭，犯上弑君，杀死了魏王朝的傀儡小皇帝曹髦。明帝听了，深感无颜面对现实，感慨说："如果像您说的那样，晋王朝的国运，怎么可能长久呢！"

唐王朝官修《晋书》时，就利用了这段材料。在《宣帝纪》，也就是司马懿的本纪中，引述、概括了这个故事：

> 明帝时，王导侍坐。帝问前世所以得天下，导乃陈帝创业之始，及文帝末高贵乡公事。明帝以面

覆床曰："若如公言，晋祚复安得长远！"[1]

对刘义庆及其门客而言，前人的著述是资料；对唐王朝的史官来说，《世说新语》是史料。这种不以抄袭为意的纂辑式书写观念影响非常深远。不妨说，正是它，让那些满身尘埃的旧故事们重获了新生。一次次使用的过程，也就是一次次帮助读者打捞记忆的过程，更是原书内涵不断增长、作用越来越大、意蕴越来越深广的过程。

从"文献"这一面读《世说新语》，我们不难发现，"文本"的魅力，就是在使用中发展壮大的。

文学

文献被保留、被使用，才能让相关学科发展起来。《世说新语》的文学性，也与"使用"密切相关。我在上中学的时候，特别喜欢《容止》一门中那些美男子。书中那些文字并不是真切地描述他们的形貌，而是用比喻的方式唤起我们的联想，经由我们自己的幻想来构建

---

[1] ［唐］房玄龄等撰，《晋书》，中华书局，1974 年版。

出他们的形象。最为常用的喻体是什么呢？

> 时人目"夏侯太初朗朗如日月之入怀，李安国
> 颓唐如玉山之将崩"。

> 嵇康身长七尺八寸，风姿特秀。见者叹曰：
> "萧萧肃肃，爽朗清举。"或云："肃肃如松下风，
> 高而徐引。"山公曰："嵇叔夜之为人也，岩岩若孤
> 松之独立；其醉也，傀俄若玉山之将崩。"

> 裴令公有俊容仪，脱冠冕，粗服乱头皆好，时
> 人以为玉人。见者曰："见裴叔则，如玉山上行，
> 光映照人。"

> 骠骑王武子是卫玠之舅，俊爽有风姿。见玠，
> 辄叹曰："珠玉在侧，觉我形秽！"

> 有人诣王太尉，遇安丰、大将军、丞相在坐。
> 往别屋，见季胤、平子。还，语人曰："今日之行，
> 触目见琳琅珠玉。"

王大将军称太尉："处众人中，似珠玉在瓦石间。"

对今天的读者来说，这些段落中最难懂的地方在于称谓。文中字号、官位、小名，重出叠见，未曾统一，让我们搞不清楚谁是谁。这也从一个侧面说明了原书参考过多种资料，且没有经过彻底的梳理归纳。不过，我们此时只是欣赏"高质量人类"个体，不用在意他们叫什么名字。

"容止"，即人的仪容和举止。魏晋时人喜欢用"玉"作比。这个喻体十分笼统，仅能唤起一些大概印象，譬如整洁、白皙、纤尘不染。再稍为具象一些，则是"玉山""珠玉""玉人"等词，这就具备了一点体量感。这些男子可能很高大，或者线条很柔和。

欣赏人的外表，评论人的方方面面，是魏晋时代流行的风气，因此大家才把那么多人都比成了玉。然而，以玉喻人这件事，具有悠久的传统，并不是魏晋诸贤的创造。让我们借着"高质量人类"个体的吸引力，在文学传统的河流里逆流而上，去读一读《诗经》。

《魏风·汾沮洳》之三章：

> 彼汾一曲，言采其藚。彼其之子，美如玉。
> 美如玉，殊异乎公族。[1]

《秦风·小戎》之首章：

> 言念君子，温其如玉。在其板屋，乱我心曲。[1]

《小雅·白驹》之末章：

> 皎皎白驹，在彼空谷。生刍一束，其人如玉。
> 毋金玉尔音，而有遐心。[1]

《诗经》的历史过于悠久，关于其文本含义，各家解读并不一致。但我们可以抛开具体解读不管，只要知道不管诗句创作的缘由是爱情还是友谊，不管诗句的使用方式是真诚的赞美还是政治、外交上的优雅辞令，人们早就愿意用玉来比喻美丽、温和的人。

《世说新语》中描写的世家大族，几乎是当时最有文化的一批人，不会不知道《诗经》。只不过，那些文句早已成了他们个人修养中的一部分，需要夸人的时

---

[1] 《诗经》，中华书局，2015 年版。

候，已经用不着背诵。自己平平常常说一句，也是腹有诗书气自华。或者说，"腹有诗书"的读者，就能够从字里行间，感受到他们的"气自华"。

对文本的"使用"当然不只有继承的一面。不难想到，《世说新语》里的这些描述，又成为后人汲取灵感的源泉。只不过，其方式由不那么精确的"修辞"，变为投镖式的用典。不信，可以读一读李白的《赠裴十四》：

> 朝见裴叔则，朗如行玉山。
> 黄河落天走东海，万里写入胸怀间。
> 身骑白鼋不敢度，金高南山买君顾。
> 徘徊六合无相知，飘若浮云且西去。①

这首诗是李白送给一位姓裴、排行十四的潇洒朋友的。裴十四运道不大好，满天下找不到知音。鉴于同姓，李白便取《世说新语》中的裴叔则来譬喻他。诗的第一句完全概括了"如玉山上行，光映照人"的原文。

李白另有一首长诗《襄阳歌》，既怀想晋代镇守襄阳的前贤，也表达了甘心一醉的心情。诗中名句云：

----

① ［清］彭定术等编，《全唐诗》，中华书局，1999 年版。后同。

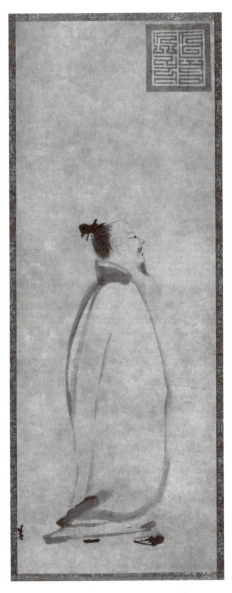

［宋］梁楷《李白行吟图》

清风朗月不用一钱买，玉山自倒非人推。

这句诗里的"玉山"，便不是用裴叔则之典，而是用嵇叔夜之典了——"嵇叔夜之为人也，岩岩若孤松之独立；其醉也，傀俄若玉山之将崩"。醉倒是心甘情愿的自我选择，不是别人劝酒才喝醉的。为什么要喝酒呢？清风朗月都无价，这浩荡、美丽而无情的人世，只有酒能与它相衬啊！

《世说新语》毕竟是记载言行的书，书中的文字相当口语化，不摇头晃脑地引经据典，因此后人寻求它与古代经典的联系并不很容易。可也正因为它有这样的特点，才塑造了大批生动、真切、有人味的"大人物"。或者反过来说，它展现了大人物们鲜活的一面。于是，后来的文人把它当成了典故大全，随着他们秉性所近，或依着各种文体的体裁需求，把书中的好故事拆开揉碎地用了一遍。李白一向钦慕魏晋风流，也就特别擅长变着法子用这部书中的典故。除了上述两首诗，还有不少名篇可以为例。其中，《秋下荆门》最有意思。

霜落荆门江树空，布帆无恙挂秋风。

　　此行不为鲈鱼脍，自爱名山入剡中。

　　这首诗作于李白第一次离开四川远游之际。这时，他正要乘船沿着长江下行。我们知道，东晋都城在今天的南京，名士们都生活在长江中下游一带。李白行在这条通向江南的路上，想起距离唐代还不太远的故事，真是再合理不过了。于是这首四句的诗，至少有两句用到了《世说新语》的典故，还有一句有疑似之嫌。

　　对于用典，古人的评价标准是很多元的。用得恰当、有趣，是一种好；通篇流畅，让读者不敢确定是否在用典，也是一种好。就像不同的武功，有不同的打击效果，但带给我们的震撼则是共通的。

　　"布帆无恙"，用了《排调》一门中顾恺之的原话。当时，他向上级殷仲堪求借一张布帆挂在船上，好从荆州顺着长江东下回家。不料在经过"破冢"这个地方的时候刮起大风，船帆吹破。他写信给殷仲堪说："我好好的，船帆也好好的。"即所谓"行人安稳，布帆无恙"。

　　"鲈鱼脍"，用了《识鉴》一门中张翰的故事。他在洛阳为官，见秋风起，想起了家乡吴中的菰菜、莼羹、鲈鱼脍，于是说："人生贵得适志，何能羁宦数千里以要名爵乎？"之后便辞官回家了。

这两处典故都挑明使用，但一处用言语，另一处用名物，制造了参差错落的效果。而"剡中"一处是否用典，就有几分耐人寻味。毕竟，我们知道，《世说新语》中经典的故事之一，叫作《雪夜访戴》，出于《任诞》一门：

> 王子猷居山阴，夜大雪，眠觉，开室，命酌酒。四望皎然，因起彷徨，咏左思《招隐》诗。忽忆戴安道，时戴在剡，即便夜乘小船就之。经宿方至，造门不前而返。人问其故，王曰："吾本乘兴而行，兴尽而返，何必见戴？"

请注意"时戴在剡"，也注意"夜乘小船就之"。剡，在今天的浙江省嵊州市一带。戴逵隐居在那里，王徽之冒着大雪，从绍兴乘船去看他，一夜旅途之后，兴尽而返。

［元］张渥《雪夜访戴图轴》

　　坐船东下的李白是否想起了这个故事呢？我们不知道。曾经生活在剡县（今浙江嵊州）的名士不少，有王羲之、谢灵运、支道林等。他们也是东晋文学、艺术和思想舞台上的明星。一个地方的风景，总与当地的人文环境密切相关。若无人欣赏与宣扬，山只是山，不会自动成为名山，更无法跨越时空吸引后来人。这一处是否暗用了《世说新语》的典故，就要由我们自由心证了。

　　中国古代的文学，是一种时刻与往昔相连的东西。"用典"这种创作手法就是一个证明。久而久之，读者也会磨炼出一种眼光，从一颗水滴里想象孕育它的江河湖海。这个时候，你知道的越多，从眼下的文本里读出来的，也就越多。

　　《世说新语》记载了竹林七贤的不少故事。他们是魏末晋初的七位名士：山涛、阮籍、刘伶、嵇康、向秀、阮咸、王戎，活动于山阳县（今河南省焦作市境内）的竹林。起初，这些人饮酒清谈，不肯与司马氏政权合作，风骨可敬而姿态活泼。在这些人中，嵇康善于弹琴。他为政治姿态付出了生命代价，在被司马昭杀害之际，他神情不变，只是惋惜自己擅长的琴曲不可复传：

嵇中散临刑东市，神气不变。索琴弹之，奏《广陵散》。曲终，曰："袁孝尼尝请学此散，吾靳固不与，《广陵散》于今绝矣！"

阮籍则善于长啸，据说他的啸声很响亮，相距很远就能听到。他不畏强权，在晋文王司马昭面前也叉着腿坐着，长啸而歌：

晋文王功德盛大，坐席严敬，拟于王者。唯阮籍在坐，箕踞啸歌，酣放自若。

拜《世说新语》所赐，我们对"竹林""琴""啸"三个关键词，以及它们背后的历史事实、思想感情，都已有所了解。现在，再来读一下王维的《竹里馆》吧——尽管这是大家熟悉到有些厌烦了的名篇：

独坐幽篁里，
弹琴复长啸。
深林人不知，
明月来相照。

　　王维为什么要在这个无人知晓的夜晚走进竹林，独自弹琴、独自长啸？是只想展现自己的情致，还是隐约有一群偶像在心中？他究竟有没有暗暗"使用"《世说新语》里的故事？你是否有了新的体会呢？

艺术

　　《世说新语》隐隐使用了古典修辞，而后人又公开大方地使用《世说新语》的典故。这个历程说明：把一个故事当作一个故事，一本书当作一本书，有时候会辜负它们丰富的内涵。若建立稍宏观的视野，把它们看成时空坐标轴中的一个点，与此前、此后的各个点相连，便能把书读活。"使用"《世说新语》的，何止是文学家呢？艺术家也不甘落后。多数时候，他们是以可爱、可亲的人物故事为主题来画画的，偶尔他们还会以艺术致敬艺术，怀念前辈艺术家。

　　我们不妨仍从《雪夜访戴》说起。王徽之洒脱自在，无所拘束，既然从山阴（今浙江绍兴）去剡县的雪夜之路已经足够美妙，便不必非要按照最初的计划，走进戴逵的家，自友情中汲取快乐。其实，故事之所以能够风靡，是因为与生活常态有一点不同。许多人喜欢故事，正是因为现实生活充满了"不能这样""那样不好"的规矩。想要适情任性，心无挂碍地做一些事，或者不做另一些事，都会受限于情势，遇到种种困难。能够按照自己的意愿安排时间和活动，是一种宝贵的自由。

典故火了，画家就来了。雪景、小船、小人儿，都是他们本来熟悉的东西，组合在一起，题个新名，并不困难。明代宣德年间，福建画家周文靖就画过一幅《雪夜访戴》图。这幅画结合了当时最受欢迎的南宋式构图与元代式笔墨，细节画得非常清楚。山峰、坡岸和房顶都有几分白，自然是在暗示积雪。小船上，一人撑篙，一人摇橹。他们的蓑衣和帽檐也都白了几分。捧着盒子的僮儿面朝船夫正在交谈。王徽之是个胖胖的小人儿，他把手笼在袖子里，半仰着头，目光投向船窗之外，且在烛光中微笑。

宋代的"访戴"主题绘画传世不太多，所以情况难明；不过从元代开始，画这个题材的艺术家代不绝人。使用文学典故的绘画，当然预设观众知道详情。可是，假若一幅画公开展示——尤其是，假若它是一件闹市中的商品——那么，鸿儒和白丁便都能看到它。对那些没有能力阅读原书的人来说，这种自带典故的画作，也能够促进他们产生好奇心，间接地接触到《世说新语》里的故事。

此前说过，因为《世说新语》的生命力尤其强大，而它同时代的著作多数已经湮没，所以这部书是我们了解魏晋时代各种情况最重要的参考之一。政治、文学、历史方面自不待言，就连艺术也是如此。有关当时著名的画家顾恺之（就是那位说出"行人安稳，布帆无恙"的人），多亏《世说新语》里的几条记载，我们才有机会知道他究竟是如何理解艺术的。

《品藻》一门中有个故事，说晋明帝让谢鲲与庾亮比比高下。谢鲲回答说：若论立朝执政的本事，我比不过他；可要论寄情山水，我比他强。原话说的是："一丘一壑，自谓过之。"到了《巧艺》一门，顾恺之要为谢鲲画像了：

> 顾长康画谢幼舆在岩石里。人问其所以，顾曰："谢云：'一丘一壑，自谓过之。'此子宜置丘壑中。"

"既然你自己能够寄情于一丘一壑，那么，画你的像，也要以丘壑为背景。"根据对象的性格来为他的画像设置场景，就是艺术家的匠心。到了元代，著名画家赵孟頫根据这个故事，画出了《谢幼舆丘壑图》。这幅画的构图和设色显然有别于当时的主流风貌，相当复古。它的山石布局已不循常法，把松树叶子画成一团一团，更是以早期绘画为蓝本，刻意追求一种古拙的趣味。对赵孟頫来说，这个故事的重点并不在画中那小小的白衣男子身上，而在于顾恺之那"宜置丘壑中"的妙想天开，所以青绿的山石和树木布满了画面。他是要通过这幅画，想象早期绘画的一般面貌，也想象前辈艺术家的创作理念，而这个理念是《世说新语》告诉我们的。

人生处境大全集

工作

东晋时代，顶级贵族不怎么需要担心生计。他们的子弟拥有许多特权，很容易获得官职。但大多数普通人还得自寻饭碗，而且为了"打工"，还得做一点不那么潇洒的事情。

付出劳动，换取工资，只是"工作"的一种形态。另外一些形态，要靠积累声誉来完成。今天被称为著名文学家的西晋人左思，在刚刚拿出作品，想要征服文坛的时候，遭遇了很多批评。《文学》一门中，详细记录了他成功的道路：

> 左太冲作《三都赋》初成，时人互有讥訾，思
> 意不惬。后示张公。张曰："此《二京》可三，然
> 君文未重于世，宜以经高名之士。"思乃询求于皇
> 甫谧。谧见之嗟叹，遂为作叙。于是先相非贰者，
> 莫不敛衽赞述焉。

文章遭到白眼，左思心里挺不服气，也有点难过。于是他把《三都赋》拿给当时的名士张华看，张华说：这可以与东汉张衡的《西京赋》和《东京赋》鼎足而三，但是你的文章从未获得过承认，得拿给大人物看看，让他们为你鼓吹。经此指点，左思去找名气更大的皇甫谧，获得了肯定和揄扬。之前批评他的人，一听皇甫谧都说《三都赋》好，立刻转变了态度，改口夸赞起来了。两位名士的肯定，恐怕是发自内心；而世人的看法，就只是追逐权威、随波逐流了。

这一类"工作"的逻辑，是先获得关注，再争取实际的支持，有一点接近今天的"流量变现"。现代社会中，这种情况十分普遍，这就是人在社会化过程中做出的妥协。有形的代价易于感知，无形的代价就不一样

了，我们甚至很难意识到自己让了多少步。

以劳动养活自己，追求美好的生活，是正义的。而诚实地面对自己，设立坚决不逾越的底线，则是可敬的。

家庭

能够进入《世说新语》的家庭，基本都是当时顶级的贵族世家。所谓"旧时王谢堂前燕"，王与谢代表的就是古代影响力最大的一批家庭。古今之隔如同深山长谷，我们的生活习俗和思想观念都发生了巨大的改变。可那只是"人之常情"的一部分。在属于"人之常情"的另一部分，《世说新语》反而告诉我们：古今尊卑之间并无所别，大家一样希望子女成才、夫妇和睦、长幼相亲。这些人性中普遍存在的情感和思想，有时能够合理而适度地流淌在生命之河中。即便远隔千年，回望时也会感到舒适愉快，后人不妨见贤思齐。

谢太傅寒雪日内集，与儿女讲论文义。俄而雪骤，公欣然曰："白雪纷纷何所似？"兄子胡儿曰：

"撒盐空中差可拟。"兄女曰："未若柳絮因风起。"公大笑乐。即公大兄无奕女，左将军王凝之妻也。

这是《言语》一门中的故事。大家长谢安把孩子们召集起来"讲论文义"，也就是讲习如何写作。这个故事并不奇特。难得的是谢安选择了一个大雪天，便让这次家庭聚会带有一点休闲赏雪的趣味。更妙的是，他还用眼前的情形来发问。这就不但要考孩子们的比喻能力，还要考他们的随机应变、临场发挥能力，于"文义"之外，少了一点严肃，多了些狡黠机智的趣味。

在《德行》一门中，谢夫人曾经抱怨谢安："怎么从不见你教育孩子？"谢安回答："我经常用自己的言行教育孩子。"侄女谢道韫把飞雪比作柳絮，他就特别高兴地大笑起来。只用这个故事来说明"才女成长史"，不免可惜。我们更要说明的是，出题、笑乐，都是"教儿"；而一群孩子在亲切愉快的气氛中共同锻炼思维，更是可爱的情形。读到这里，你不妨回顾一下自己的家庭气氛。想一想自己从家庭中学到的，是否和在校园中接受的教育有所不同。

王安丰妇常卿安丰。安丰曰："妇人卿婿，于礼为不敬，后勿复尔。"妇曰："亲卿爱卿，是以卿卿；我不卿卿，谁当卿卿？"遂恒听之。

"常卿安丰""妇人卿婿"的"卿"，是动词。而"亲卿爱卿"的"卿"，则是名词。同一个字的不同属性挨得这么近，且又轮换着使用，能造成一种幽默的效果。"卿"这个称谓本来具有特定的方向，必须上对下使用。在男尊女卑的时代，丈夫可以这样称呼妻子，反过来便是不合礼节。安丰侯王戎因此制止太太称呼自己为"卿"。王太太很不服气，回答说："我是亲近你、喜欢你，才用这个称呼来称呼你。我都不能这样叫你，谁还能这样叫你？"后来，王戎就任由她这样叫了。成语"卿卿我我"，便是从这个故事中衍生出来的。而且，可能正是从这时开始，"卿"这个字的义项中，多了一项：夫妻、情人之间的爱称。

两性尊卑有别的思想早已不合时宜。今天我们再来看这个故事，"卿"字用得恰当与否，已经不再重要。恒久流传、不可磨灭的，倒是"亲卿爱卿"的理直气壮：夫妻之间，相互亲近喜爱的感情，是理所应当的。而且，它并不只是现代浪漫爱情式婚姻的产物，而是人类历史中一脉相承的认识。在《德行》《排调》几门中，还有更多的例子。生于现代，大家都有机会先投入爱情，再进入婚姻。你不妨记住这个美满可爱的先例，也许将来有一天，就会在某个情境下触发记忆，获得更丰富立体的感受。

《世说新语》中记载的人物，在身份、阶层上往往相近，而在年龄层次上有一些级差。因此，书里不仅有少年与青年的境遇，也有中年人的心情。中年看起来离你还很遥远，也许会让你有点茫然。但看一看"古人如何面对心境的变化"，或许可以为你建立一点粗浅的概念。而这部书提供了感人的范例：

> 谢太傅语王右军曰："中年伤于哀乐，与亲友别，辄作数日恶。"王曰："年在桑榆，自然至此，正赖丝竹陶写，恒恐儿辈觉，损欣乐之趣。"

还是那位召集子女一起看雪的谢安，他对大书法家王羲之说："中年人太容易伤感了，真受不了离别啊。

每次与亲朋分别，都要难过好几天。"王羲之说："是啊，我们年纪大了，自然会变成这样，可以用音乐来安慰和开解自己。总怕孩子们发现自己心情不好，有损于家庭生活的'欣乐之趣'。"

为什么"中年伤于哀乐"？也许是因为，青少年时人的预期寿命还很长，前程也还很光明，与亲朋分别一次，大可以期待下次再见；而中年以后，疾病、衰老和死亡都渐渐迫近，每一次分别都意味着不确定性，会让人低落下去。自然规律对苍生一视同仁，贵贱贤愚都无法摆脱。怎样处理这种情绪呢？王羲之说，他会转移注意力，自己消化这一切。若被孩子们发现，可能会影响他们的心情，干扰他们自然萌发的欣欣向荣之乐，甚至有害于和美的家庭气氛。

共情是难得而宝贵的能力，许多事可能只有自己真正经历以后才能明白。何况，世事变迁至今，距离带来的牵挂早已被即时通信缓解了，"中年伤于哀乐"，已经不是必然。不过，共情的方式有很多种。这个故事还可以换一个角度来解读：家庭生活的"欣乐之趣"，需要珍惜和呵护。长辈也许承担过各种情绪压力，但他们选择自己坚持了下来，没有告诉你，"恒恐儿辈觉"。

快乐

读到这里，大家也许能感受到，我们可以把《世说新语》当作理解现实生活、认识性格与人生的镜子，偶尔照一照。那么，最后，让我们谈一谈生命中最宝贵的体验：快乐。

人毕竟是动物，从原始的环境中，一步步走进了文明时代。云谲波诡、危机四伏的自然界，也是孕育生机、给先民以希望的地方。远离蒙昧之后，这些复杂的记忆大约还被刻写在人类的基因之中；但是困苦的一面已随着现实中安全感的增加而逐渐淡去，亲切的感觉倒未曾消失。江南的青山绿水，颜色经冬不改，东晋南朝的人们，生活在这片土地上，越来越寄情山水。欣赏自然之美，成为士大夫们的共识。

每个时代都有它自己的状况。我们眼下的世界运行节奏很快，世态瞬息万变。按部就班，决不掉队，才能保证一种相对安全的生活。想在某个地方停靠一会儿，休息一下再出发，甚至干脆就停在这里，不再向前跑，都是很奢侈的事。偶尔某一天不想去上学、上班，都很难成功。有时，人们不得不选择在休息日走进自然，求取暂时的"放空"，唤醒来自远古的基因，储蓄一点乐趣。

在这些时候，我们会说，鸟叫真好听，花开得真好，这个地方真漂亮；或者稍微使用一点修辞，说，赏心悦目，眼为之明。

而《世说新语》里的人，是怎么说的呢？

> 王司州至吴兴印渚中看。叹曰："非唯使人情开涤，亦觉日月清朗。"

> 王子敬云："从山阴道上行，山川自相映发，使人应接不暇。若秋冬之际，尤难为怀。"

王胡之在湖州，王献之在绍兴，二人都觉得风景特别好。一个说，印渚的水，不但让人情思开阔，甚至让人觉得日月都变得更清晰明朗了。另一个说，绍兴的山，彼此连绵呼应，看都看不过来。若是秋冬换季的时候，尤其让人不知道怎么办才好。

　　王胡之的名字，今天的人们已不太熟悉了，可王献之却是鼎鼎大名的书法家，被我们的传统文化推到了极高的位置上。他俩的话一点也不玄奥，甚至没有一般文言文的语法困难，和我们随口说出的赞美，毫无本质区别。只要能够真真切切地欣赏和珍惜这种胸襟开畅的快乐，我们和古人，在自然面前就全然平等。

　　"尤难为怀"，是一种很有趣的表述。人在遇到特别可爱的东西时，常常会有点不知所措，喜欢得不知道怎么办才好。许多快乐都可唤起这种感受。《任诞》一门中有音乐家桓伊的故事：

　　　　桓子野每闻清歌，辄唤"奈何"！谢公闻之，曰："子野可谓一往有深情。"

　　关于"清歌"，有两种解读：一种指没有伴奏的歌，另一种指清亮的歌声。不管怎样，桓伊听到这种音乐，就会呼唤"奈何"。谢安听后说："桓伊真是个一往情深的人。"对喜爱的东西全情投入，每次遇到都沉浸其中，可视为"深情"的一种解释。这也是我们所有人都能做到、能体验的喜悦，而且不必总以成为"某某家"为目标。

看来，找到自己喜爱的东西，并以合适的方式与它相伴一生，也能获得长久的快乐。以拥有"高雅的爱好"来鄙视俗人，倒是相当狭隘的。在不违反法律法规与公序良俗的前提下，不必在各种爱好间建立等差。这一点也可以从《世说新语》里找到先例。《雅量》一门中说：

> 祖士少好财，阮遥集好屐，并恒自经营，同是一累，而未判其得失。人有诣祖，见料视财物。客至，屏当未尽，余两小簏着背后，倾身障之，意未能平。或有诣阮，见自吹火蜡屐，因叹曰："未知一生当著几量屐？"神色闲畅。于是胜负始分。

祖约喜欢钱，阮孚喜欢木底鞋，二人都投入了大量时间、精力来收集。最初，人们并不能判断这两人的高下。也就是说，他们不认为贪财更鄙俗，做鞋更高明，而是要观察祖、阮二人如何对待自己的爱好，来比较这两人的人生态度。结果当来了客人，祖约忙不迭地把没数完的钱藏起来；阮孚一边给木屐上蜡，

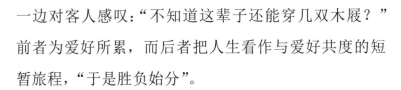

一边对客人感叹："不知道这辈子还能穿几双木屐？"
前者为爱好所累，而后者把人生看作与爱好共度的短
暂旅程，"于是胜负始分"。

魏晋之人有很多爱好，钱和鞋子之外，还有喝酒、
弹琴、吹笛、作啸、养马、养鹅，甚至打铁。在那个动
荡不安的时代里，这些事帮人抵御痛苦，保持内心的平
静。读书是我的爱好，故而不揣谫陋，与大家分享这部
书的方方面面。我也希望文中引述的故事，能让大家愿
意完整地读一读《世说新语》。你不必咬文嚼字，按照
学习文言文的方式来读它。也许，"不求甚解"翻一遍，
倒能找到自己感兴趣的地方，与它结下奇妙的因缘。